场面

漫画实践版

人接物的规矩·人情世故的里子

进退有据的社交礼仪

牛克锦 著

哈爾濱工業大學出版社
HARBIN INSTITUTE OF TECHNOLOGY PRESS

图书在版编目(CIP)数据

场面：进退有据的社交礼仪 / 牛克锦著. — 哈尔滨：哈尔滨工业大学出版社，2025. 2.（2025. 7 重印）— ISBN 978-7-5767-1945-1

I. C912-49

中国国家版本馆 CIP 数据核字第 2025DJ6701 号

艳|文|工|作|室

场面：进退有据的社交礼仪

CHANGMIAN : JINTUI YOUJU DE SHEJIAO LIYI

策划编辑　李艳文　范业婷
责任编辑　马　媛
封面设计　天下书装
出版发行　哈尔滨工业大学出版社
社　　址　哈尔滨市南岗区复华四道街 10 号　邮编 150006
传　　真　0451-86414749
网　　址　http://hitpress.hit.edu.cn
印　　刷　三河市天润建兴印务有限公司
开　　本　710 毫米 ×1 000 毫米　1/16　印张 11　字数 112 千字
版　　次　2025 年 2 月第 1 版　2025 年 7 月第 3 次印刷
书　　号　ISBN 978-7-5767-1945-1
定　　价　52.00 元

前言

中国人讲究场面，说场面话，做场面事。尤其是在各种社交场合，就更注重场面了，因为人们都期望获得他人的尊重和认可。

或许有人认为，场面是指排场。其实不然，这里的场面，不是虚伪、应付，而是各种社交场合中人们必须保持的教养和体面，必须尊重的礼仪和规矩。

讲究场面，是与人交往的必要原则。对于任何人来说，它都是非常重要的。与人交谈，不管遇到什么情况，都不能失控，要保持修养和风度；到别人家做客，要做到彬彬有礼，尊重对方，不冒犯，不越矩；请客待客，要注重邀请、安排座位、斟茶倒酒等的规矩，不失礼，不丢脸；在职场上，要把握说话、做事的分寸，正确地与同事、上司相处，点到为止，保持界限感；在商务活动中，从迎接到宴请、陪同再到送客，一步步都要兼顾好面子和里子，确保把功夫做精做细，如此才能打动人心，左右逢源。

以上这些，表面上是为了让对方高兴，但从某种程度上说，其实也是一个人拥有为人处世的分寸感和良好教养的体现。一个人有什么样的教养和风度，懂得什么样的规矩和分寸，就能撑起什么样的场面。

所以，不管在什么社交场合，我们都需要懂得与人交往的礼仪和规矩，当场面人，说场面话，做场面事，力求让别人舒服，也让自己高兴。当然，这样的本领并非来自天赋，而是需要我们用敏锐的洞察力去感悟，在日常生活中不断提炼、学习，并将其与自己的生活融会贯通。

本书以“场面”为主题，详细介绍了不同场合需要掌握的社交礼仪，利用大量贴近生活的事例和精练的技巧方法，讲述打动人心的说话、做事细节，以便让读者朋友的社交能力和情商提升到一个新的层次。希望读者朋友在书中能有所感悟和收获。

目录

第三章 社交宴请

姿态“拿捏”好，礼仪做到位

第四章 关键对话

能让人爽快，才叫高情商

第五章 职场矩步

分寸感径直关联升迁力

第六章 商务精要

有礼节才能赢得信任，细节决定成败

第七章 拜访客户

能不能拿下订单，先看表现后看产品

第一章

做客规尺

别把教养与体面丢在别人家里

怎样敲门，才能敲出尊重感

俗话说，登门拜访。到别人家做客的第一步，就是敲门。

敲门，本身就是在传达信息，既是发通知，告诉主人“我到了，来你家做客了”，也是一种请求，询问主人：“我可以进来吗？”

人未进，声音已至，这叫作登门有礼。你有礼有节，主人感到被尊重，才会满心欢喜地迎你入门，然后热情地招待你。如果你直接推门而入，那是不礼貌的行为，是不受欢迎的。

当然，对于中国人来说，敲门也是很有讲究的，不可随意，不能无礼。那么，怎样敲门，才能敲出对主人的尊重感呢？

力量要适度

很多人敲门时，喜欢用巴掌拍，或者用拳头砸，唯恐别人听不到他在敲门。然而，这是非常不礼貌的行为。而且，这样的声音过于“震撼”，很容易让人产生恐惧感——门外是何人？是不是有急事？

或者是不是坏人？

甚至有些人会用脚踹门，这就更无礼了。即便是最亲近的人，你如果用脚踹门，也会令对方极为愤怒，因为这是对主人的蔑视。

正确地敲门，应该是用手指的关节，以适当的力量敲。这样不但声音适度，清晰响亮，更能凸显你的彬彬有礼。

敲门有节奏，避免连续敲

敲门要有节奏，舒缓一些，不能太急。而且，一般敲三下为宜。因为在中国传统文化中，连敲三下，寓意着吉祥和尊重。

敲完第一次后，应稍作间歇再敲，不要连续敲个没完，因为主人从听到声音到出来开门是需要时间的。给对方 30 秒到 1 分钟的反应时间，如果不见主人开门，再敲第二次，并适当加大音量就可以了。

敲门不开，适可而止

如果敲门几次还没有人来开，可能有以下三种情况：一是屋里没人。二是主人不愿开门。这时候，你就不要再敲门了。即使门被敲开了，你也不会被热情招待。既然如此，又何必自讨没趣呢？当然，如果你和主人约好了，还可能是第三种情况：主人正在忙碌，腾不出手来开门，或者不在客厅，听不到敲门声。这时候，你可以稍等一会儿，或者直接给主人打电话询问情况。

当然，如果有门铃，最好是按门铃。这也需要按照敲门的规矩，先轻轻按一下，等 30 秒左右，再按一下，切不可连续多次乱按。

总之，敲门也讲究规矩。虽然这只是看上去微不足道的社交礼仪，但是很重要。你正确且有礼貌地敲门，迎接你的才可能是一张微笑的脸庞。

进门第一步，必须关注这三处

在进门这一环节，你也需要注意很多礼仪和规矩。不论是说话，还是行为，都不可太过随意，尽管主人通常会大方且热情地说："随意一些，就像在自己家一样！"

事实上，如果你真的把别人的家当作自己的家，肯定会让对方反感。

所以，进门之后，你必须关注以下三处细节。

见面有礼：正确地与主人和在场人员打招呼

你敲门，开门的人通常是主人。这个时候，你应热情地和主人打招呼。如果是主动拜访，你要表示歉意："不好意思，打扰您了！"如果是被邀请来做客，你要表示感谢："非常感谢您邀请我来做客。"

然后，遵循主人的引导和安排，进入客厅，与在场的其他人打招呼。如果主人的家人在场，先向长辈问好，再与同龄人打招呼。遇到不认识的人，等待主人介绍后，再打招呼。

客随主便：按照主人的指示来做事

进门后，如果发现主人已经准备拖鞋或鞋套，要第一时间更换，不要大大咧咧地穿鞋进入客厅。若是主人没有准备，可以询问“需要换拖鞋吗”“直接穿鞋进吗”，得到主人允许后再进入。

如果携带了物品或者礼品，要按照主人的指示放置。尤其是雨具，或者土特产等容易弄湿、弄脏地板的物品，要主动询问主人：“雨伞有些湿，应该放在哪里？”“这是老家的土鸡，拿过来给您尝尝鲜，但是包装有些脏，您看放哪里合适？”

进入客厅后，应该等待主人指示座位后再坐下，不要随意在沙发或椅子上坐，以免给人留下不礼貌的印象。

避免冒犯：保持自重，尊重主人

在别人家里活动，应该时时刻刻注意自己的言行，避免做出不礼貌的行为。同时，要关注主人的意愿和感受，避免冒犯主人。这是一种自重的表现，更是尊重主人的表现。

若是主人不吸烟，或者家里有孕妇、小宝宝，你就应该克制烟瘾，千万不能在别人家吸烟。

吃零食、水果，或吃饭时，不要贪吃，也不要因为不喜欢吃而随意浪费。如果有特殊需求，比如对海鲜过敏，不吃猪肉、羊肉，要主动告知主人。告知，不是不礼貌；接受了却不吃，丢在一边，才是真的不礼貌。

对于主人家的宠物，应该保持友善和尊重的态度，就算不喜欢，也不要露出厌恶的表情，更不要故意伤害它。就算你害怕或过敏，当宠物主动靠近你时，也不要大喊大叫，而是应该委婉地提醒主人："不好意思，我比较怕猫，能不能把它抱走？""我对动物毛发有些过敏，不能和它亲密接触……"

总之，到别人家做客，客随主便，应尊重主人，避免冒犯，这是基本的教养，这样才不会丢了体面。

私家禁地，未经允许不得擅入

保持边界感是社交礼仪的要义之一。我们这里所说的个人空间，包括身体空间和心理空间。除此之外，保持边界，还要求我们尊重他人隐私，千万不可侵犯。到别人家做客时，我们需要做到：未经允许，不得擅自进入主人的私家禁地。

那么，哪些场所属于不可随意进入的私家禁地呢？

卧室：一定不能进入

卧室是个人最为私密的空间，是主人用来休息和存放个人物品的空间。它承载了主人很多的个人情感和隐私，还可能有一些不希望被外人看到的物品或布置，比如说凌乱的床铺、内衣等。

所以，不进入卧室是对主人私人空间的一种尊重。

书房：不邀请，不得擅入

书房也是比较私密的空间。如果你不询问主人，私自进入，会让对方感觉到不被尊重。尤其是进入之后，你随手翻看对方的藏书、工作日志、文件、电脑等，会使对方不愉快，还可能给自己带来麻烦。比如，主人的工作内容被泄密，你就逃脱不了干系。

当然，如果主人邀请你进入书房参观，不经允许，你也不能随便翻看图书和文件。

私人储藏室或衣帽间：千万不能私自进入

私人储藏室或衣帽间，以及其他明确标有“私人”或“请勿进入”标志的区域，通常存放着主人的私密物品，或是有特殊用途，或是包含敏感信息。这些地方，你千万不能随便进入。

如果不小心进入，一定要立即退出，不可逗留，更不能观看和碰触里面的物品。

到别人家做客，懂得保持边界感，不随意进入主人的私密空间，是对他人隐私的尊重，更是对自我的保护。你尊重了他人，他人才会尊重你、欢迎你。

沙发一小张，体态见修养

与主人交谈，通常是坐在沙发上进行的。

有的人往往会随便一坐，怎么舒服怎么坐，怎么随意怎么来。事实上，一张小沙发，坐时也讲究礼仪。尤其是商务做客，更需要注意座次规矩。比如，单人沙发，尽量不要坐；多人沙发，应该让主人坐里侧，自己靠外侧，或者主人坐中间，自己坐两边。

如果沙发是对着的，且一侧沙发挨着墙壁，你应该让主人坐挨着墙壁的沙发，自己相对而坐，这样才不会喧宾夺主。

在社交场合，除了注意座次外，还应该讲究“站有站相，坐有坐相”，保持好的体态。要知道，这不仅体现了你作为客人的礼节，更能让主人感受到你的修养。

那么，怎样才算是“坐有坐相”呢？

入座有规矩，自然且大方

入座时，要自然大方，最好走到沙发前再转身，然后轻稳坐下。千万不要急匆匆地跑过去，重重地落座，好像和别人抢座位一样。

女士入座时，如果穿裙装，应把裙子下摆稍稍向前收拢一下，然后轻轻坐下。不要坐下后，再左扭右扭整理衣服。起立时，也是如此。

深浅要适中，位置要得当

就像坐椅子一样，坐沙发的深浅，也是有讲究的。从礼仪的角度来说，不能坐得太深，即整个身体窝在沙发里或靠在沙发背上。这样虽然舒服，却不那么礼貌。也不能坐得太浅，即只坐在沙发边沿，这样显得过于拘谨，让主人不舒服。

坐得深浅应该根据腿的长短和沙发的高度决定，一般坐满沙发表面的三分之二。最适当的坐姿是两脚着地，膝盖成直角。

坐沙发时，如果座位较低，要注意两只脚的摆放姿势。不要伸出双脚，这样很容易导致身体下滑，斜身躺埋在沙发里；不要把头仰到沙发背上，把小腹挺起来，这样显得很不雅观。

坐姿要端正，最好保持优雅

虽然你不一定非要坐得笔直，但坐姿一定要端正、优雅。尽量满足以下要求：上身自然坐直，两腿自然弯曲，正放或侧放，双脚平落地上并拢或交叠，双膝自然收拢，两手分别放在膝上。

双腿不要分得太开，也不要跷二郎腿且不停地抖动。不要将胳膊或身体靠在沙发扶手上，更不能把脚搭在茶几上。就算再累，也不要东倒西歪，更不能侧卧或躺在沙发上。

保持得体且优雅的坐姿，不但让主人感到你对他的尊重，更可以让他看到你的良好修养，进而获得对方的尊重。如果你不注意这一点，哪怕说的话再美妙动听，也会给他人留下不好的印象。

有事相求，要怎样选时机

登门求人办事是一门艺术，关系到自尊、情面，甚至是人际关系。

这需要你懂得选择时机，在合适的氛围下提出要求，这样成功率才会提高。如果你只为自己办事，一不看别人高不高兴，二不看人家方不方便，一上来就提要求，那么既办不成事，又把人得罪了。

那么，怎么选时机，才能达到事半功倍的效果呢？

登门：选好时机，等人家方便时再登门

求人办事，求的是别人，办的是你的事。所以，求人办事的时候，要看对方是不是有闲暇。可以提前打电话询问："我想登门拜访，您什么时候有时间？"或者说："周末下午，您有没有时间？我想拜访您……"

最好不要工作日去拜访，尽量选择周末。不要一大早就登门，也不要晚上很晚再去。

你拜访的时候，如果对方恰好正忙于工作，那就不要打扰了。如果对方要出门，不管是外出找朋友聚会，还是陪孩子运动或出游，最好不要开口。

求助：看脸色，该开口才开口

就算对方不忙，有时间接待你，提要求的时候，你也要观察对方的脸色，看他情绪怎样。

对方脸色红润，态度积极，说明他情绪不错，心情很好，这时候，你完全可以提出要求。如果对方脸色不好，愁眉不展，或者比较烦躁，说明他可能因为某件事情绪不好，这时候，你就不要开口了。就算开口了，也不会有好的结果。

当然，如果对方一开始与你谈笑风生，你提出要求后，他开始皱眉，左顾右盼，显然不在状态，那么，你最好不要再继续提要求了。脸色的转变，意味着他不想帮你。你不懂察言观色，依旧硬着头皮求助，只会让彼此都尴尬。

离开：该说的事说完，就适时离开

不管是否开口求人，也不管目的是否达到，都要适时选择告辞。

尤其是主人已经委婉地提醒后，更不能拖延了。

比如，主人频繁地打哈欠或者看时间，意味着主人已经感到疲倦或者时间已经较晚，这时你应该立即告辞。

主人站起来，或看时间，或说："要不然，留下吃顿便饭吧！"其实是在下逐客令。如果你不适时离开，就会让人反感。

如果又来了其他客人，你也要懂得察言观色，把事情说完后及时告辞。

第二章

待客约礼

容易得罪人的事情千万别大意

拒绝邀约，可能是你打错了招呼

周末，你乔迁新居，当天准备邀请几个朋友来家里做客，一是为了庆祝，二是好友聚聚。

谁知，接受邀请的只有三个朋友，其余朋友都拒绝了，不是说“临时加班”，就是说“已事先和朋友约好，不能临时爽约”。

事后，你和到场的朋友抱怨：“本想好好聚聚，没想到他们都拒绝应邀……”

此时，一个朋友却说：“其实，我也想拒绝，哪有当天请客当天邀请的？”

你不禁困惑：难道朋友拒绝邀请，问题出在自己身上？

没错！朋友拒绝邀请，关键就在于你打错了招呼。更重要的是，当天邀请，显得你很没有诚意，让对方认为：“他可能只是客气一下，不是真的期待我应邀。既然这样，我就不去了！”或者认为：“他不尊重我，不重视我，既然这样，我为什么还要应邀前去呢？”

所以说，你好心邀请别人赴宴或吃饭，别人却拒绝了，可能是你失了礼数，让对方产生了不满。

那么，如何打招呼才能避免遭到拒绝，又显得不失礼数呢？

提前邀请：三天为“请”，两天为“叫”，一天为“提溜”

中国人请客有个老规矩：三天为“请”，两天为“叫”，一天为“提溜”。什么意思呢？

就是说，如果你有事邀请别人，提前三天通知叫“请”，提前两天通知是“叫”，当天通知，那就是临时通知，只能算“提溜”。

时间不同，重视程度不同，给人的感觉也不同。提前三天通知，表示很重视对方，所以对方也会重视，并满心欢喜来应邀；提前两天通知，表示比较重视，对方也会欣然前往；当天通知，显得很草率，像是客套，或者只是知会一声，对方会感觉不受重视。

就好像如果有人突然通知你：“老同学，我明天结婚，过来聚一下。”你是不是感觉很不舒服？或许你会想：这是邀请我参加婚礼吗？就是要份子钱呀！既然这样，与其花钱给自己找不痛快，还不如直接拒绝。

所以说，不管邀请亲朋好友还是同事客户，都应该提前发出邀请。如果是商务宴请，最少提前三天，也可以提前一周。

除非特殊情况，否则，千万不要等到了饭点才叫人过来，或者中途让人充数，或者让人陪客，这样很容易得罪人。

正式邀请：郑重对待，不可太随意

邀请他人赴宴是很讲究的。尤其是商务宴请、婚宴、乔迁宴、寿宴等正式场合，都需要正式邀请，发邀请函或是请柬。

当今数字化时代，电子邀请函和请柬是人们常用的。对于一些社交性邀请，可以采取电子邀请函和请柬的方式，比如乔迁、生日派对等。也可以发信息通知，但格式和语言风格要正式一些。

当然，朋友之间的聚会，不需要发邀请函和请柬，只需口头邀请，不要太随意就可以了。

排位失误，客人已然在隐怒

从古至今，人们对于座次安排都是非常讲究的。

请客待客，如何安排座位，看似很简单的问题，却蕴含着深厚的礼仪文化，也有着严格的规矩。它不仅体现了主客之间的尊重，也体现了社会地位和身份的不同。不懂规矩，还可能闹出笑话，更会让长辈或上位者不满。

那么，怎样安排座位呢？

主宾分明，尊重为先

安排座位，首先要遵守主宾分明的原则。一般来说，主座是留给主人的，主座左侧是主宾的位置，右侧为第二主宾。不过，如果主宾身份高于主人，为了表示尊重，可以让主宾坐主座，主人坐在主宾的位置上。

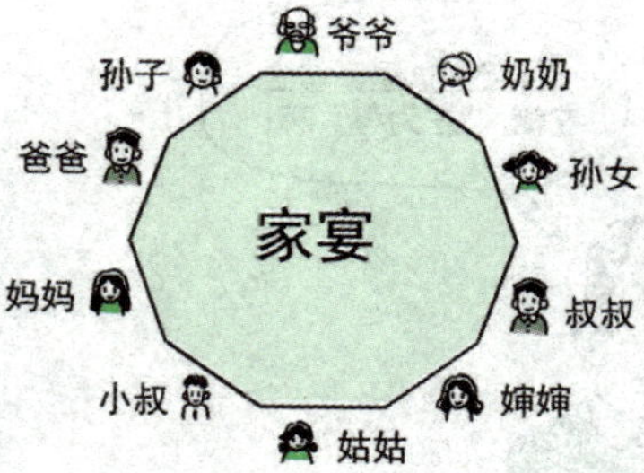

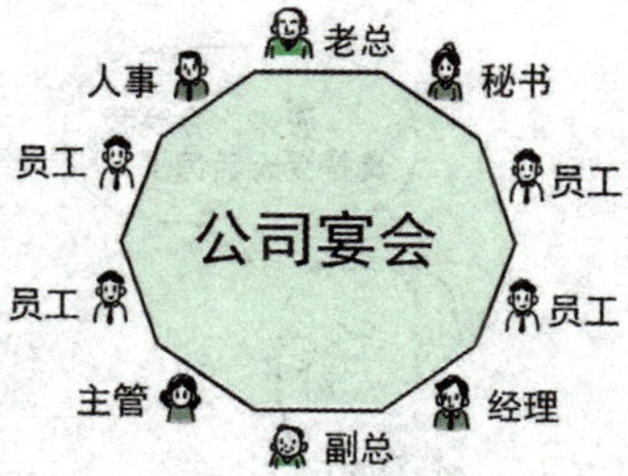

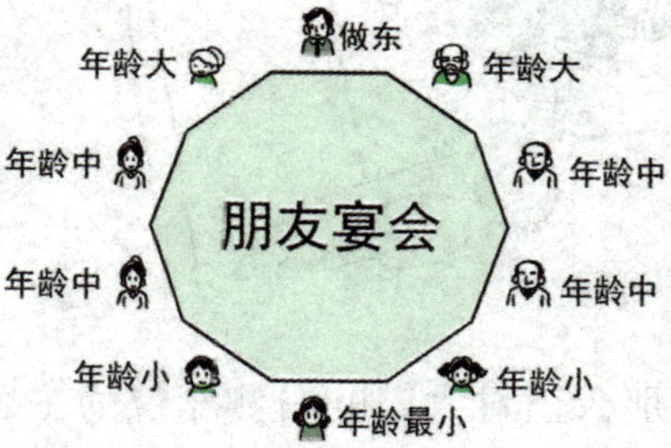

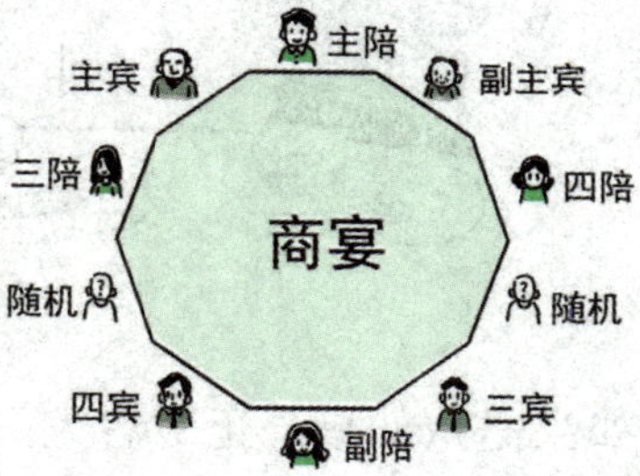

当主人面对正门而坐时，应该坐在主桌的中央位置，这样既可以招呼所有宾客，也可以更好地掌控气氛。当举行多桌宴请时，每桌都应该安排一位主人的代表在座，这个代表可以与主桌主人同向就座，有时也可以面向主桌主人。

以左为尊，面向门户

如果是圆桌，正对大门的座位为主客的座位，主客左右手边的位置，越靠近主客的位置越尊贵。如果距离相同，左手边位置比右手边位置尊贵。这就是我们所说的“以左为尊”“虚左以待”。

如果是八仙桌，正对着大门，那么正对大门的右侧座位为主客座位。如果不正对大门，面朝东的一侧的右席为主客座位。

如果场合比较隆重，桌与桌间的排列讲究首席居前居中，左边依次是二席、四席、六席，右边为三席、五席、七席，这样不但可以突出主客的身份、地位，还可以区分亲疏远近。

男女有别，以女主人为准

如果有女宾参加，通常把女宾安排在一起。座次安排应与男宾一样，遵循左为尊、上为尊的原则。

如果将男宾、女宾安排在一起，那么应该将男、女穿插安排，并且以女主人为尊，主宾在女主人右上方，主宾夫人在男主人右上方。

如果女主人未出席，可以邀请其他身份相当的女性作为第二主人。

总之，座次安排是非常重要的。懂得其中的规矩，做到恰到好处，才能体现你的细心和周到，并让所有人都心生欢喜。

菜未选好，十客到，九客恼

点菜是待客宴请的重头戏。按照礼数，点菜的选择权应该交给客人。但是由于客人也是讲礼数的，一般不会点菜。所以，点菜这个艰巨的任务只能由主人来承担。

这时候，就要看你是否用心和懂规矩了。点好菜，让客人吃得高兴，让你赚足面子，才能皆大欢喜。

看人点菜：根据人数和成员组成点菜

点菜时，一定要根据餐桌上的人数合理选择菜品。一般来说，菜品数量要选择 2、4、6、8 等双数。菜品数量不能太少，若是只有主宾两个人，应该点 4 道菜，不能点 3 道菜，因为“3”谐音“散”。若是人数较多，可以酌情加两三个菜品。

同时，要根据客人的年龄和性别选择菜品。有老年人在座，应该避免选择过多的大鱼大肉、煎炸烧烤等油腻厚味的菜品，可以选择质地软烂、口味清淡的菜，比如虾仁、四喜丸子、清蒸鲈鱼等。

如果女士、小孩比较多，可以增加一些酸甜口味的菜、清淡的菜和精致的甜味小点心，比如糖醋鱼、果味芋泥等菜品。

看价点菜：选择合适的档次和价位

待客宴请，务必考虑自己的承受范围，不能打肿脸充胖子。如果你非要打肿脸充胖子，去高级饭店，上来就点龙虾、帝王蟹、和牛，结果一结账，花费几千甚至上万，钱却不够，岂不是尴尬又失礼？

但是，也不能选择太小的饭馆，点一桌子醋熘土豆丝、小葱拌豆腐、炝拌花生米等。

可以选择档次适中的饭店，选一两道高档菜，或是店内的招牌菜，大部分为中档菜，一两道低档菜开胃。高低档菜搭配，荤素搭配，样式齐全，才能让客户看到你的礼数和热情。

看禁忌点菜：饮食禁忌，一点儿都不能忽视

点菜时，必须考虑客人的饮食禁忌。一旦犯忌，就算你再热情，菜品再高档，也会让客人不满。

首先，要考虑不同地域的客人在饮食偏好上的差异。比如，湖南人一般喜欢吃辣，不喜欢吃甜食；江浙地区、两广地区的客人一般

饮食清淡，偏爱甜食，不怎么吃辣。一些欧洲国家的人，不吃动物的内脏、头部和脚爪。

其次，要考虑客人的宗教和民族禁忌。

再次，要考虑客人的身体状况。比如，高血压、高胆固醇患者应该少食用鸡汤等高脂肪、高盐的食物。

最后，不能当着客人的面询问价格，或者讨价还价，否则会让客人感觉你太小气和没诚意，也会让客人感到尴尬和不自在。

上茶斟茶，基础修养全被看在眼里

茶文化源远流长。有客来访，待之以茶，是中国人古已有之的待客方式。

正因为这样，以茶待客最讲究礼仪。小小一杯茶，看似简单，从选茶、泡茶到斟茶、敬茶，丝毫容不得马虎。

所以说，宴请客人的时候，一定要注意以茶待客的礼仪。如果不懂这些礼仪，不仅会闹出笑话，让自己丢了面子，显得缺乏修养，还可能得罪人，影响人际关系。

那么，需要注意哪些礼仪和规矩呢？

茶具和茶叶的选择

招待客人时，茶具可以选择陶质或瓷质的，最好选择优质的紫砂茶具。

茶叶要根据客人的地域习俗、口味、文化背景和年龄等因素确定。

比如，两广地区和福建、云南一带习惯饮用红茶、乌龙茶，江南一带喜欢绿茶；年轻人喜欢绿茶，中老年人更喜欢红茶。

在茶叶的品质上，要关注其色泽、香气和滋味。最好选择汤色艳丽、水底明净、味醇甘鲜、苦而不涩、甘香清郁的佳品。

沏茶要有讲究

沏茶之前，一定要当着客人的面将茶具用开水烫一遍，保持其清洁和卫生。

泡茶，茶叶要适量，不宜过少或过多。少了，茶淡，没有香气；多了，茶浓，过于苦涩。

如果使用茶壶泡茶，需要时刻观察茶水的温度。当茶水温度适中时，应及时倒出；茶水变凉时，最好倒掉，重新倒入热水。

茶水变淡时，要更换茶叶，保证茶汤的品质。一般来说，绿茶，冲泡 2 ～ 3 次；红茶，冲泡 3 ～ 5 次。品质好的红茶，可以连续冲泡 8 ～ 10 次。

人们常说："七分茶三分情，茶满欺客。"就是说斟茶要斟"七分满"，不能倒满杯，若是满杯，烫到客人，导致客人出丑，场面将非常尴尬。更重要的是，中国有"茶满欺客"的说法，你把茶杯倒满了，客人可能会认为你觉得谈话无聊，是在下逐客令。

倒茶的时候，注意控制好力度和角度，避免茶水溅出或溢出。

斟茶和敬茶要有规矩

斟茶和敬茶是有顺序的，一定要遵循"先客后主、先尊后卑、先老后小"的原则。每一道茶都应先给主客，依序斟茶，最后才是自己。

斟茶的时候，要用右手拿公道杯，自左到右顺时针斟茶。

敬茶和递茶时，最好用双手，用托盘或杯垫承托，以表恭敬。

一定要注意，敬茶时千万不能碰杯。茶壶的壶嘴也不要对着客人，因为这是非常失礼的行为。

饮茶要靠品，不能“牛饮”

饮茶不能“牛饮”，不能喝得咕咚作响，更不能一次将茶水饮完。当然，也不能嘬出声音。

正确的饮茶方式应该是小口、多次品尝，慢慢品味其香气、口感和味道。如果茶叶漂浮在水面上，可以用茶杯盖拂去，或轻轻吹开。

总之，以茶待客，有很多学问和讲究。只有用心和周到，才能体现对客人的尊重和友好。

摆菜不仅是学问，更是对他人的尊重

在餐桌上，礼仪和规矩是多种多样的。除了点菜，上菜和摆菜也是很有讲究的。

摆菜的时候，不能只考虑台面美观和食用方便的问题，更要考虑对客人的尊重问题。

菜品摆对了，客人可以感受到主人的用心和尊重。摆不对，很可能让客人感到被冒犯和不被尊重。

那么，摆菜的时候有哪些讲究和规矩呢？

摆放位置务必尊重主宾

菜品的摆放，务必尊重主宾。

高档的菜、有特殊风味的菜，或每上一道新菜，都要先摆到重要客人等主宾的面前，上下一道菜时再顺势撤摆在其他地方，使台面始终保持美观。

所有菜品应该摆放在适中的位置，既不能过于分散，也不能过于集中，应从餐桌中间向四周摆放。汤菜锅，如品锅、砂锅、暖锅、烛盅等，一般来说应摆在桌子中间。

头菜的看面很重要

所谓看面，就是菜品最适宜观赏的一面。比如有的菜肴，烤乳猪、冷碟孔雀开屏等，其头部最有看点，那么头部就是看面。头部被隐藏的菜肴，如烤鹅、八宝鸭等，其丰满的身体最诱人，身体就是看面。普通菜肴，色调鲜艳、刀工精细的部分则为看面。

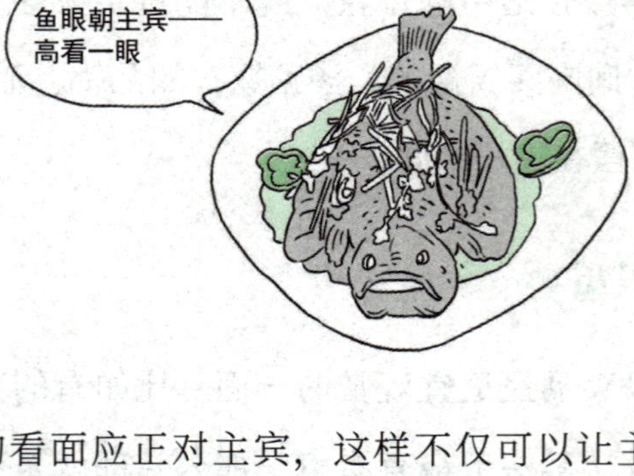

头菜的看面应正对主宾，这样不仅可以让主宾欣赏这道菜的外观，还可以体现主人的热情和尊重。其他菜品的看面要面向四周，增强餐桌的整体美观性。

朝向与规矩

一般来说，宴请的时候，餐桌上一定要有鱼和鸡鸭。

如果是整鱼，为了表示礼遇与尊重，鱼头应该朝向辈分等最高的客人，并由他带头吃鱼眼或鱼鳍，这通常有“高看一眼”“一帆风顺”的寓意。在一些地方，鱼头会朝向东方，寓意迎接好运与幸福。

如果有整鸡、整鸭，那么鸡头与鸭尾一定不能朝向主宾，因为很多地方有这样的讲究——鸡不献头，鸭不献尾，否则，会被视为对客人的不尊重。

牢记这些摆菜学问，可以让你的待客更得体和有面子，让客人感受到你的用心和重视。

第三章

社交宴请

姿态“拿捏”好，礼仪做到位

请客吃饭，倒酒也有不少讲究

周末，刘威请同事吃饭。

几人落座，菜品上了两三个后，作为主人，刘威开始给同事们倒酒。他随手拿起酒杯，就给身边的小王倒酒。谁知却被小王制止了，笑着指出他倒酒的方式不对。

刘威大声抗议：“什么？竟然说我不会倒酒？你倒是说说，哪里不对了？”

小王笑着说：“首先，你倒酒的顺序就不对。丁哥年长几岁，你应该先给年长者倒酒。其次，你给我倒半杯，是不是对我不满？”

此话一出，刘威顿时拍起脑门，一边站起来给丁哥倒酒，一边笑着赔礼道歉：“对不起，丁哥，是我疏忽了。”

丁哥也笑了，开玩笑地说：“咱兄弟几个，没必要太讲究，一会儿你自罚三杯就可以了。不过，招待客户，可要尊重咱们中国人的斟酒礼仪哦。要不然，可就得罪人了。”

斟酒真的这么重要吗？当然！在酒局上，斟酒的讲究非常多，稍有差池，就可能失了体面，成为笑料。严重了，很可能得罪人，让人心生记恨。

那么，怎样斟酒才能让客人满心欢喜呢？

斟酒要选恰当的时机

酒局正式开始后，五分钟之内，应适时将酒倒入大家的杯中。若饮用的是冰镇或加热的酒品，应在首道热菜上桌前，依序为众人斟酒。对方干杯之后，及时为其添酒。

如果酒桌上备有多种酒水，应遵循一定的先后顺序，通常为红酒—白酒—啤酒（或饮料）。

斟酒的顺序有讲究

一般来说，斟酒时，要以长辈、领导、年长者为先，然后按照逆时针顺序依次为众人斟酒。如果只是朋友、同事聚会，则可以从自身的右侧开始，依次给众人斟酒。

需要注意的是，千万不能“隔人倒酒”，即故意跳过一个人，给下一个人倒酒。即便两位领导或长辈之间隔了一个人，也不要跳过中间的人，这种行为是非常不礼貌的。

斟酒的动作也有讲究

斟酒时，应将酒瓶的商标朝向众人。若场合较为正式，还需礼貌地说出“请用酒”。待对方点头同意后，方可缓缓将酒倒入杯中。

酒要倒八分满，用手腕的巧劲轻轻抬起酒瓶，这样既能防止瓶口洒落酒水，又能确保酒杯近乎八分满。但不要倒得太满，酒溢出来就不好了。

斟酒过程中，瓶口应与酒杯口保持对齐，但切勿直接接触，避免酒杯口被刮损或酒杯翻倒。

觥筹交错，有礼有节才有体面

宴请中，不懂敬酒可不行。

要知道，酒量大小是小事，要紧的是，要知酒礼，把酒敬得有礼、有节、有体面。可以说，敬酒，要让人痛快地喝酒，更要让人开心，带动整个饭局的气氛。

如果乱敬酒，敬得不得当，很可能让人不痛快，影响整个饭局的氛围。

那么，怎样敬酒才能做到有礼、有节、有体面呢？

敬酒不冒失，时机很重要

敬酒必须抓住适当的时机，不能冒失。

如果你是主人，等主宾吃过主菜后，就可以敬酒了。如果你是客人，一定要等主人敬酒之后再敬。同时，要等比自己身份高、辈分高的人敬酒之后再敬。

需要注意的是，对方正在夹菜，或者嘴里正咀嚼食物，这时候最好不要敬酒。要等对方夹完菜、嚼完食物后再敬。对方正与他人谈话，或者敬别人酒，也不要打断他。

如果有多个人向同一个人敬酒，应该等身份比自己高的人敬过后再敬，避免乱了顺序。

当然，敬酒也是有顺序的。这和斟酒一样，要考虑主宾、地位、辈分等问题。

手势和仪态，必须讲礼仪

所谓"敬酒"，应该以"敬"为主。首先，要起身站立，右手端起酒杯，或者用右手拿起酒杯后，再以左手托扶杯底，表示对客人的尊重。同时，要面带微笑，注视对方。

接下来是碰杯。碰杯的时候，应该让自己的酒杯口低于对方的酒杯口，轻轻一碰。如果是非正式场合，且距离对方比较远，可以不碰杯，用杯底轻碰桌面，或者举杯示意。举杯的时候，最好将酒杯举到眼睛的高度，说完“干杯”后，一饮而尽或适量喝下。

如果有人提议干杯，应该拿起酒杯。即便不喝酒，也要拿起杯子示意一下。

记住，千万不要一次敬多个人，这是非常不尊重人的行为。

礼到为止，自然随意

不管你是主人还是客人，不管面对领导、长辈，还是亲朋好友，敬酒都应做到礼到为止，自然随意。如果有人表示不会喝酒、不能喝酒，就不要敬酒，可以茶（饮料）代酒。

敬酒的时候，不要强迫对方“端起即干”，更不要在对方不愿意的情况下强迫他“干完这杯，再来一杯”，这样能让对方感受到你的贴心和敬意。

总之，如果你不懂敬酒，乱敬酒，还不如不敬。学会并记住这些规矩和礼仪，才能保住自己的体面，赢得他人的赞赏。

合情合“礼”，才能皆大欢喜

酒局，想要气氛好，少不了祝酒。不过，有的人不会祝酒，不但不能让气氛热闹起来，还会制造尴尬。

吴欢刚到公司一年就升职加薪了。为了表示对领导和同事的感谢，她准备请大家吃饭。饭局开始，大家让吴欢说两句，她因为紧张，扭扭捏捏，说来说去就那么几句话：“感谢大家，我很高兴！大家吃好喝好！”“领导，感谢您！我先干为敬！”

一些大白话，看似热情，却让人感到敷衍。

当然，一些人口才不错，祝酒的时候，能慷慨激昂，滔滔不绝。只可惜，说得越多，离题越远。别人举杯，手都举累了，他还在那里说个没完。这种行为也是不当的，往往会让人反感。

所以说，祝酒做到合情合“礼”，既能把酒局气氛调动起来，又能让人感到真挚，既能展现你的自信大方，又不失风度，方能皆大欢喜。

那么，怎样把握祝酒的分寸呢？

祝酒要符合主题，不要东拉西扯

不管什么酒局，都会围绕某个特定的主题和事件，如庆功宴、纪念日、答谢会以及求人办事等。所以，祝酒必须与场合相符，突出主题和事件的重要性、特殊性以及重大意义。

朋友乔迁新居，你可以这样祝酒：“良辰吉日，乔迁新居，亲朋好友来祝贺，美酒佳肴表珍惜。在今天这个好日子，祝你东来紫气西来福，南进祥光北进财。”

记住：符合主题，不要东拉西扯，否则，不但让人扫兴，还招人厌烦。

祝词要得体，表达诚意和敬意

祝酒不仅在于让对方喝酒，更是表达对对方的敬意、祝福、欢迎、感谢等。所以，祝词要得体、真诚，简洁有力。

公司举行周年庆，作为领导，你可以这样祝酒：“今天是个美好的日子，我们欢聚一堂，共同庆祝公司成立一周年。在此，我举杯祝愿 ×× 一岁生日快乐，让我们携手并肩，共创更加美好的明天！”

不管你是领导还是员工，都要确保祝福发自内心深处，不能过于谄媚，也不要过分恭维，否则就显得虚假了。

当然，如果是非正式场合，祝酒词也可以说得轻松、幽默，营造愉快的氛围。

对象不同，祝词不同

在一些非特定场合，可以说一些寻常的祝词，但也要根据对象的特点选择不同风格的祝词。对于长辈或领导，可以表达对他们的尊敬和感谢。对于朋友或同事，可以凸显彼此的友谊和合作。

比如，参加家庭聚会，某位长辈身体不适，需要控制饮酒，你可以这样祝酒：“敬您一杯，酒少情意重，愿您健康长寿！”这样，不但让对方备感温暖，也体现了你对长辈的尊重和祝福。

热情到位，但千万别犯忌讳

周末，销售员小王按照领导指示来招待客户。他记住了领导让他说的“酒杯一响，黄金万两；酒杯一干，业绩翻番”，非常积极热情地让酒。

席间，客户多次表示：“我不胜酒力，我意思一下就行了！”

小王大手一挥，说：“那不行！领导交代了，让我必须陪好您！”接下来，他使出浑身解数，频频敬酒、让酒。

酒局结束，客户饮用了大量的白酒和啤酒，无法正常行走。

事后，客户笑着对领导说：“小王酒量不错，劝酒功夫更不错呀！十几年了，我可从来没有这样醉过！”客户表面上是在夸奖，实则是在表达不满。

小王自然逃脱不了被领导批评。

在饭局中，热情让酒往往被视为好客、尊重的表现。然而，太过热情，强迫别人多喝酒，就不合适了。比如，别人明确表示“不胜酒力”“开车了，不能喝酒”“吃药了，不能喝酒”，或者已经微醺，醉意十足，仍强求对方，就是失礼，很容易让对方不满。

虽然说“酒逢知己千杯少”，但让酒仍要有度，应做到热情到位，又不让对方为难。事实上，我们只要做到以下几点就可以了。

重视对方的意愿，避免让对方尴尬

让酒时，应该多了解对方的意愿，若对方拒绝，就不要勉强。不管对方是真的“不胜酒力”“生病了，吃药了”，还是拿这些当借口，都要尊重对方。

主动表示“以茶代酒”，不但能保持热烈的气氛，让对方更自在，还彰显了你的风度。

控制话语分寸，避免反复劝说

让酒，不但要注意让酒的分寸，还要注意说话的分寸。

聚会上，秦力为了表现自己的热情和款待之意，频频举杯劝酒，还不断夸赞酒的品质，结果让客人感到压力和不适，气氛尴尬不已。

所以，你可以活跃气氛，但要适可而止，这样才不会让人觉得：“他只是为了凸显自己，并不是真心待客。”

灵活让酒，照顾每个人

酒局上，有人酒量好，有人酒量差，有人滴酒不沾。所以，让酒时，要照顾到每个人，不能“一刀切”，不能说“别人都喝三杯，你怎么喝一杯”。

总之，让酒的艺术在于把握好“热情”与“节制”之间的平衡。尊重他人意愿，控制让酒分寸，才能让所有人都开心、愉快，同时保持酒局的氛围融洽。

委婉推拒，不喝酒也能宾主尽欢

面对领导、客户、亲朋好友的热情劝酒，喝吧，委屈自己；不喝吧，担心破坏气氛，驳了对方的面子。

所以，很多人时常勉为其难，不想喝，不能喝，又不得不喝，取悦了别人，却难为了自己。

事实上，推酒并不难。只要你把理由说得合情合理，说得委婉，就可以了。

王强就很善于推酒，每次都能成功保住体面，不伤和气。关键在于，他做好了以下几点。

提前铺垫，表明态度

如果当天因为生病不能喝酒，他就会在酒局开始前表明自己“不喝酒”的态度，给大家“打个预防针”：

“不好意思，最近身体不适，医生提醒我少喝酒，今天就陪大家喝喝茶、聊聊天吧。”

“明天有个重要会议，今晚我得好好休息，怕明天状态不好。”

提前打好招呼，不仅显得有礼貌，也让大家理解他不是不尊敬大家，只是有苦衷，避免了直接拒绝带来的尴尬。

委婉拒绝，温和推辞

即便这样，在一些场合，也会有人热情敬酒。这时候，直接拒绝可能显得有些不近人情，所以他会再次委婉拒绝。

一次公司聚会，同事热情劝酒，王强强调了身体不适，随后还委婉地说：“谢谢你的好意。不过，我今天真的喝不了。这杯酒，我先放在这儿，下次我敬你三杯。”

一番话，不但表达了拒绝之意，同事听了，也不会不愉快，反而会关心他的身体情况。

幽默化解，让推辞变得轻松愉快

王强还善于利用幽默来缓解气氛。一次朋友聚餐，他不想喝太多酒，又不想驳朋友的面子，于是灵机一动，幽默地说：“这么好的酒，让我这个不懂酒的人喝，算是浪费了。浪费，是可耻的。”

听了这话，朋友哈哈一笑，不再勉强。

赞美对方，巧妙地把话题引开

当别人执意劝酒时，王强会巧妙地利用赞美来转移话题，减少对方对自己的注意力。比如，他通常会说：“真心佩服您的酒量，但我是真的不行。您是如何练就如此好的酒量的？”

这样，不但化解了劝酒的压力，还能让对方打开话匣子，更愿意与你继续交流。

所以说，推酒不是不尊重对方，也不一定会让气氛尴尬。只要你推得合情合理，推得委婉巧妙，就可以保住体面，并在各种场合收放自如，让每次酒局都氛围和谐。

第四章

关键对话

能让人爽快，才叫高情商

寒暄需到位：60 秒拉近彼此的距离

很多人认为，寒暄只是人们碰面时打个招呼而已。吴飞就是这样，每次拜访很久不见的合作伙伴，都会这样打招呼：“李总，好久不见了，最近怎样？”或者说：“李总，我们又见面了。今天到这边办事，顺路过来看看您。”

这种寒暄看似没有问题，也还算热情，但效果似乎不怎么好。因为太普通了，很难在短时间内拉近彼此的距离。若是能注意寒暄的内容和表达方式，再加上一些具体的话题，效果就会大不一样。

比如，“李总，好久没有来拜访您了，知道您喜欢喝茶，我刚好从云南回来，这是给您带的普洱茶”。记住对方的喜好，给对方带来惊喜，可以迅速消除陌生感，促进交流。

或者说：“李总，好久不见了。您今天看起来精神不错，是不是有什么好事？/是不是拿下了大项目？”关心对方，显得真诚亲切，自然而然能打开话题。

那么，怎样寒暄才能恰如其分地营造出一种亲切友好的气氛，为后续交流做好铺垫呢？

有礼有节，自然热情

不管是与人初次见面，还是久别重逢，寒暄时都应该表现出谦恭有礼的样子，做到说话得体。

说话应多使用礼貌用语，保持平静、友好的语气，展现出你的亲和力和尊重的态度。要保持微笑，不要过于做作，要让对方充分感受到你的友好与善意。同时，保持适当的身体距离，避免过于亲密或疏远的行为。

选择合适的话题，避免有争议或敏感的话题

寒暄时，话题选得不对，不但无法拉近距离，反而会让气氛变得更加尴尬或紧张。

不妨来看这个反面案例。小白在聚会上遇到许久未见的老同学，为了拉近距离，他热情地寒暄道：“你知道吗？那个 ××（另一个老同学）居然离婚了！”此话一出，老同学愣住了：怎能背地里谈论别人呢？老同学只能敷衍回应：“哦，我不知道。”接下来，场面变得尴尬无比。

所以，寒暄最好避免争议性或敏感性的话题，以及过于宏大或不着边际的话题，应该选择天气、兴趣爱好、共同的经历、社会新闻、娱乐（如电影、音乐）等话题。

寒暄有度，及时转入正题

寒暄是为了烘托气氛，拉近距离，所以，气氛转好后，应及时进入正题。过多寒暄，东拉西扯，不着边际，会让对方觉得你虚与委蛇，产生反感和厌烦情绪。

当然，需要注意的是，转入正题也是有技巧的，不能转得太突兀或生硬。可以通过一些过渡性的语句，如“说到这个，我突然想起……”“对了，我有个关于……的问题想请教你”等自然衔接正题。

接话知深浅：不冷场不冒失，才能不尴尬

与上级领导交谈时，上级领导当着直属领导和同事的面夸张浩：“小伙子，你很优秀，是新人中最有潜力的！”

张浩心里很高兴，但为了表示谦虚，接道：“没有，没有，我很普通的。”

此话一出，好像是在否定上级领导的话，场面顿时安静了下来，在场的所有人都略微有些尴尬。

见此，直属领导出来接话，说：“小张的确很优秀，名牌大学毕业，且以面试第一名的成绩进入公司，不但如此，他还很谦虚。”

上级领导笑了笑，接着问张浩：“很不错。你有没有兴趣到××部门（上级领导的直管部门）来锻炼？”

要知道，这是上级领导抛出了橄榄枝，是张浩升职加薪的大好机会。如果他不接话，就辜负了对方的善意。但若是接话了，且表现得非常高兴，那就等于让直属领导下不来台——直属领导看重他、培养他，他迫不及待地想“逃离”，有忘恩负义之嫌。

所以说，对于这个问题，如何接话非常关键。接话要谨慎，既要表现出对上级领导认可的感谢，又得突出直属领导对自己的培养。比如，张浩可以这样说：“感谢 ×× 的赏识与认可，瞬间让我感觉干劲十足。其实，我刚来单位的时候什么都不懂，这都是领导一步步带出来的。我能有今天的表现，少不了我的领导的帮助。如果各位领导认为我可以去 ×× 部门锻炼，顺便也能让我开开眼界的话，我随时做好准备，等领导通知。”

但是，张浩没有思考这些，反而直接说：“当然有兴趣！ ×× 部门有前途，到那里，我一定能做出更好的成绩！”

直属领导听了这话，脸色当即变得很难看，上级领导也只能笑笑，不再说话。结果可想而知，张浩没能调入 ×× 部门，在原部门也不再受领导重视和青睐。

显然，张浩不善接话。事实上，生活中有很多这样的人，说话只凭头脑一热，直来直去，或者不知深浅，不懂转弯，不会委婉表达，以至于很少能和别人聊得来，甚至让场面陷入尴尬的境地。

那么，怎样接话才能与人聊得来并让气氛和谐、愉快呢？

仔细聆听，给予正面反馈

想要高情商接话，必须仔细聆听对方说话，不敷衍，不随意打断。同时，要表现出对对方的尊重，给予对方及时、正面的反馈。

比如，对方表达一个观点，应该这样接话，“你说得很有道理”或“你的观点很有趣”。对方抱怨或表达不满，你可以这样接话：“我知道 / 理解你的感受……”

即便你不赞同这个观点，也要先表示认同，再委婉地说出自己的观点：“你说得有些道理。不过，如果我们换个角度……”

把握分寸，注意表达方式

接话之后，场面变得尴尬起来，可能是你的表达方式不太合适。

比如，太直白，没有委婉表达；一上来就滔滔不绝，不管别人感不感兴趣、爱不爱听，让对方一句话都插不上；过于沉默，只回答“嗯”“是的”“知道了”；过于自信，老是夸耀自己能干、自己的成功、自己的感觉；习惯用“我”，话题总是围绕自己转……

避免以上行为，就能很大程度上避免场面尴尬。

听懂话外音

还有一种不会接话的人，他不善于听对方的话外音，或者根本没有“听话听音”的意识。

比如，饭局上，领导当着外人的面夸奖你：“小张是我们部门的后起之秀，做事干练又细致。”言外之意——希望你给他争面子。这个时候，你若是听不懂弦外音，谦虚地说“哪里哪里”，不但让领导丢了面子，也会让对方无话可接。

如果这样说：“谢谢张总，火车跑得快，全靠车头带，我在张总手下真是一年的成长比得过别人三年。”这样，就把话给接住了。

捧场要给力：抬举人的要点是心照不宣

社交场合，话不在多，把话说到点子上，把场捧得恰到好处，你高兴，对方爽快，才是一种高情商的说话技巧。有时候，不仅要做得好，也要有一张好嘴，嘴巴甜一些，知道什么时候给人捧场，无形中就会让对方对你的好感度和信任值直线上升。

那么，如何抬举他人，既能让对方感到受重视，也能在无形中拉近彼此的关系呢？

捧场的话要说得具体，避免空泛

简单的捧场话，比如“你真棒！”“做得真漂亮！”，直接但空泛，让对方感觉你很敷衍，效果大打折扣。想要让捧场更有力度，就需要用点儿心，把话说得具体、有针对性。

比如，领导拿下大项目，表示要举行部门庆祝会，此时你直接说：“您很厉害！”“我很敬佩您！”领导可能不太在意。但如果赞扬他的判断力或决策力，或者称赞这个项目带来的巨大成果，给部门带来的鼓舞，就会显得更有力量，也让领导觉得被真正理解和赞赏。

间接赞美，通过第三方传达

通常，直接赞美免不了讨好、阿谀的嫌疑。如果通过第三方来表达，就可以让被抬举者感到惊喜和意外，同时感受到你的真诚和用心。

朋友介绍客户或新朋友给你认识，你可以这样说：“很高兴认识您！××经常在我面前提起您，称您才华横溢，我们都很羡慕。”这样的间接表达，而非直接恭维，让赞美变得自然真挚，更容易打动对方。

幽默捧场，把抬举说得恰到好处

很多时候，当你称赞他人的时候，对方因为谦虚，可能会说一些自谦甚至自贬的话。这时候，不妨说些幽默的捧场话，效果会更好。

小丁喜欢做陶艺，手艺和创意都很不错。在同事小齐的生日聚会上，她特意做了几个小摆件当礼物，小齐很是喜欢，直夸奖："这些摆件太有创意了！"其他同事也很捧场，纷纷夸赞她"手艺真不错""心灵手巧"。

小丁有些不好意思，自谦说做陶艺时间不长，手艺还不算精湛。

小齐听了，幽默地回道：“你可能是天生的手艺人。要是我，必然弄出个‘四不像’！”

带有幽默感的捧场话，既夸赞了小丁，又让大家笑成了一团，气氛更加融洽。

捧场并不意味着浮夸或阿谀奉承，学会捧场的技巧，让赞美显得自然流畅，才更容易令对方感受到尊重和重视。

圆场有高招：灵活分析问题，快速打破僵局

在社交场合，没有人可以掌控全局，很可能会遇到一些突发状况，或是不小心犯了错，或是被人有意开玩笑、捉弄、刁难。这时候，如果处理不好，很可能让自己陷入尴尬的境地，丢尽颜面。

但是如果你能巧妙利用语言，及时给自己打圆场，不但可以让自己从尴尬中解脱出来，还可以令现场的人对自己刮目相看，赢得更多的青睐和好感。

小齐是个机灵的年轻人，说话、做事都很到位，会为自己和他人打圆场。经过三年恋爱长跑，小齐与女友修成正果，举行了订婚宴。

宴席上，小齐恭恭敬敬地敬准岳父酒，因为高兴，也为了显得亲昵，高声地喊了声："爸！我敬您！"

谁知，准岳父却说："叫早了，叫叔。"

一般人遇到这种情况，恐怕只会不知所措，然后尴尬地赔笑，但小齐却机灵地为自己打圆场，回道："不好意思，叔，我这一高兴，

就把心里话说出来了。其实，早叫晚叫还不是叫爸，都是一样的。”然后，转向准岳母，甜甜地喊道：“妈，我敬您和叔一杯。”

话音刚落，所有人哈哈大笑起来，准岳母也高兴地答应下来。

还有，在一次饭局上，领导接了一个电话，班主任说他儿子考了全班倒数第一，希望他能好好关注孩子的学习。挂断电话后，领导坐在那儿愁眉苦脸。

其他人不知道该不该说话，也不知道该说什么，现场极其尴尬。这时候，小齐站出来，说：“世上聪明的孩子无数，可成功的父亲寥寥无几，您才是孩子的第一学历啊！”

听到小齐打圆场，领导哈哈一笑，脸色好转，现场气氛也变得轻松许多。

可见，学会打圆场，真的很重要。不论什么场合，它都可以给你带来益处。

当然，打圆场不是随随便便说几句幽默的话，它需要你有高情商，掌握说话的技巧。具体来说，需要注意以下几点。

不要慌张，快速思考

在一个综艺节目上，一位老歌手被邀请担任演讲嘉宾，演讲刚完毕，现场就有个年轻人站起来问了一个犀利的问题，他说："我上网一搜索'过气歌手'，出现的第一个名字就是您的，对此，您怎么看？"

现场气氛顿时陷入了尴尬，就在这时，主持人赶紧接过话头，打圆场道："你让乔丹现在回去和20多岁的小伙子争NBA总冠军，科学吗？不，可是这丝毫不会影响他依然是NBA历史上伟大的篮球运动员之一。'过气'只是一个时间概念，它并不意味着他就会被粉丝遗忘和抛弃，他的名字可能会很少出现在热搜上，但会一直存在于爱他的人的心里。"

一番话，巧妙地转移了众人的注意力，化解了嘉宾的尴尬。

不要狡辩，用动听的话打动对方

虽然打圆场需要我们舌灿莲花，但必须注意一点：打圆场和狡辩有着本质区别。如果你只是狡辩，把没理说成有理，不但不能解决问题，反而会令对方更反感。

打圆场的时候，需要我们灵活地分析问题，并且站在对方的角度想一想，然后把话说得更让人舒服、信服。这样才能缓解尴尬，打破僵局。

不贸然打圆场，弄清状况再发言

为他人打圆场时，一定要弄清楚事情的前因后果，千万不能贸然行事。比如，两人发生争执，你不了解事情原委，不清楚谁对谁错，这时如果圆场打得不好，别人就会嘲笑你没有头脑，甚至还会责怪你多管闲事。

需要注意的是，打圆场要从善意出发，不过度干涉对方；要说一些公正的话，绝不能让自己的言语偏向任何一方。

回应有情商：别人说“谢谢”，别只说“不客气”

日常社交中，你有很多机会向别人说“谢谢”，也会收到很多来自他人的感谢。这种情况下，通常我们会回应一句“不客气”，简单、直接，表示自己的礼貌。

然而，有些时候，这样过于简单的回应会让人感觉有些冷淡，让对方认为你只是敷衍而已。比如，你帮别人办了事、解决了麻烦之后，别人真诚地表达感谢，并带有谢礼，你只说一句“不客气”，往往就显得失礼了。更重要的是，你很可能失去了一个欲拉近彼此关系的朋友。

但如果用这种方式来回应：“不客气。你知道的，你也帮了我很多忙，我们之间互相帮助。至于礼物嘛，心意我领了，礼物就不收了。要是你这样客气，我明天得买很多礼品，把之前欠你的情意都补上！”明确表达自己的想法，阐明双方的感情联系，幽默风趣，自然拉近了彼此的距离。

回应别人的感谢，看似简单，但需要高情商的说话技巧。那么，除了以上的回应方式，还可以如何高情商地回应别人的感谢呢？

幽默接受对方的谢意

帮助了别人之后，可以一种轻松的方式接受对方的谢意。比如说：“你之前没少帮我，咱这关系不需要客气。不过，光谢谢怎么行，不得来杯奶茶呀？”或者说：“你太客气了！看来我以后得经常帮你才行，不然怎么对得起你这份真诚和谢礼？”

这既幽默地接受了对方的谢意，又安慰了对方，也表达出了帮忙的意愿，瞬间让对方感到真诚和热情，拉近了彼此的关系。

赞美式回应，让对方感到被尊重和认可

这种方式通常用于领导、客户、同事等之间。比如，为客户提供服务，客户向你说“谢谢”，你可以这样回应：“张总，应该说谢谢的是我。能够有机会服务您这么大气又爽快的客户，真是我的荣幸。”让对方感到被尊重和认可，同时展现你的真诚和素养，自然能让对方愉悦。

帮同事解决难题，同事向你表示感谢：“太感谢了。要是没有你，我的麻烦就大了。”你可以这样回应：“不用谢，这件事我一直在关注。你的方向是对的，只是思路出了一点儿问题。”突出自己的谦逊，不张扬自己的付出，回应体贴又得体。

传递关心，让对方知道你的帮助是有意义的

你要关心对方的感受。比如，朋友遇到困难或失恋，你给予帮助。当朋友说“谢谢”的时候，你可以回应：“不用谢，听到你这么说，我就放心啦！”既表现出关心，又让对方知道你的帮助是有意义的，朋友必定会心怀感激。

道歉有技巧：更让人受用的，不是“我错了”

当你犯错或冒犯到他人的时候，必须在第一时间道歉。然而，很多时候，只说一句“我错了”，并不能轻而易举地让人原谅你。

某报社主编误解了一位排版员，当众严厉地训斥了他。当该主编得知真相后，感到很愧疚，立即向这位排版员道歉。

他是这样说的：“太抱歉了！我真是鲁莽，没弄清楚事情缘由就冲你发火。这件事你做得非常正确，谢谢你的专业精神。”

真诚的道歉中带有对对方的肯定和赞赏，让对方感觉到自己被理解和尊重，这样一来，不快的情绪自然就烟消云散了，冲突也消除了。

所以说，真正有效的道歉需要技巧，认错的同时，应通过一些语言技巧，让话语有温度，使歉意更真诚。

巧用幽默，缓解尴尬

地铁上，一个年轻男子不小心踩了一位女士的鞋子，女士不满地抱怨："你踩到我了，就不能看着点儿！"

男子笑着说："对不起，都怪我这800度的近视眼。您稍等，我这就给您擦干净！"说着，就要蹲下来给那位女士擦鞋。

一番幽默自嘲，把女士逗乐了，她不再生气，而是笑着说："不用了。"

采取幽默的道歉方式，不但表达了歉意，还能化解对方的不快，增添其心理上的舒适感。

用自责替代道歉，堵住对方指责的话语

犯错或冒犯他人时，在别人责备前，先自我责备、自我批评一番，承认错误，表达歉意，就可以堵住对方继续指责的话语。

比如，在工作中，你负责的项目没有及时跟进，引起客户不满。那么，在领导批评你之前，你可以先自我批评：“真的很抱歉，项目的延期完全是我的责任。我没有及时跟进，没有做好项目的管理和协调……我深刻反省了自己的行为，发现是在××方面出现了问题……我真的很内疚，真诚地向您和客户道歉，并承诺……”你都

自我批评和反省了，且如此诚恳，领导还怎么继续批评和指责你？

当然，自责也要有尺度。适当自责，然后再处理问题，给出明确的解决方案，才能平息对方的怒火。

以示弱的方式巧妙退让

如果发生人际冲突，尤其是在亲密朋友或伴侣之间，示弱更能让对方受用。比如，你的某些行为引起女友不满，你可以大方地示弱，承认自己的疏忽，并表示："在你面前，我总是容易失态。"这样，不仅道出了你的心声，也让对方感到被珍视，从而释怀。

但需要注意的是，示弱不代表贬低自己，也不要一味地说"都是我不好"，把这样的话换成"你最善解人意了""我知道你能体谅我"，效果会更好。

第五章

职场矩步

分寸感径直关联升迁力

面试中，三句话获得人事的好感

只要你想找工作，就必须面对人事，把自己推销出去。不过，很多人由于缺乏经验，不能很好地进行自我介绍，吸引人事的注意力，或是过于紧张，回答不好问题，不小心说错话，给人事留下不好的印象。

比如，人事让你介绍自己，你只是呆板地说："你好！我叫 ××，毕业于 ××，应聘 ×× 职位。"这些话千篇一律，没有特色，很难引起对方注意，更别说让他产生好感了。

再如，人事问你与专业相关的问题，但稍显冷门，你因为过于紧张，大脑一片空白，一时不知道怎样回答，于是磕磕巴巴地说："对不起，我不会……我之前没有接触过……"这只会让人事觉得你能力不足，然后直接把你刷下来。

然而，如果你能巧妙地利用语言技巧，"包装"一下你的答案，就可以获得意想不到的结果。自我介绍时，可以有特色地介绍自己的名字，风趣而真诚，如"你好，我叫艾星，不是明星，但我希望能在贵公司这片星空中成为一颗闪亮的小星星”，瞬间让人印象深刻，留下好的印象。

大脑一时空白，回答不出问题，可以反客为主，向对方提问，询问一些信息，如：“关于这一点，我有些不理解，您能解释一下吗？”得到解释后，你的思路自然就打开了。

若还是找不到思路，也可尝试回答类似的问题。如：“由于经验限制，我没有遇到过此类问题，所以暂时不能给出合适的答案。不过，我之前解决过××问题，也是这一方面的问题……”

这样一来，虽然你回答不出那个问题，但人事可以看到你的反应能力，以及解决问题的思路，进而会对你产生不错的印象。

所以说，赢得人事的好感，不是非常难的事情。只要你遇事不慌，灵活应变，充分展现自己的高情商，几句话就可以轻松控制场面，给对方留下良好的印象。

说好幽默话，好感噌噌涨

自我介绍和回答问题之时，若能增加一些幽默的话，让现场气氛活跃起来，人事对你的好感自然会噌噌上涨。

李捷面试的时候，考官问她："你为什么要选择做教师？"

李捷心想：如果回答教师是个神圣的职业，就太俗套了，可是回答因为喜欢孩子，又显得没有新意。

于是，她想了想，幽默地说："小时候，我的理想是做伟大的女战士，长大后才发现这个理想恐怕无法实现，所以，我改变了主意，决定成为伟大的老师。"

一番话，不仅幽默诙谐，还突出了她的志向，让面试官不禁笑起来，她也被顺利地录取了。

说好体面话，“为难”不见了

很多时候，人事会故意为难应聘者，进行压力测试。这时候，如果你心态崩了，也就被淘汰了。如果你能保持冷静，把话说得体面，所谓的“为难”也就不存在了。

比如，你还没有自我介绍，人事就严厉地说：“为了不浪费时间，我先说三点要求……”你面带微笑，大方自然地回应：“好的，我明白了。接下来，我会做到这三点。”自然可以轻松过关。

展示好成就和能力，才能赢得机会

人事除了看你的应变能力外，更要看你的成就和工作能力。因此，面试时，一定要自信地展示自己的能力和成就，最好列出具体事例，突出自己的专业能力及各种综合能力。

新人入职，三日内获取同事认同

新人入职，首先是适应新环境，快速得到同事的认同，然后融入团队。第一步做不好，之后的职场之路将变得非常艰难。

菲菲毕业于名牌大学，凭借高学历进入公司，但不到一个月，她就提出了离职。为什么会这样？只因为她高调、张扬，急于表现自己，甚至有些傲慢，不把同事放在眼里。

部门经理让老员工带她，嘱咐她有问题多向老员工请教，她却不屑一顾，认为自己专业能力强，能搞定一切。老员工让她整理文件，协助自己完成文案，她一口回绝，说："这不属于我的工作范畴。"

在部门会议上，她总是迫不及待地发表自己的观点，还常常打断别人的发言，似乎要证明自己的见解才是正确的。她还常常独自揽下一些任务，遇到难题，也不主动与团队成员沟通，而是独自解决，结果导致项目进度延误。

菲菲还喜欢在领导面前表现自己，经常越级向领导汇报工作。

以上种种，让同事对菲菲很不满，同事不愿与她交流和合作。任何工作都需要团队协作，菲菲“被孤立了”，无法更好地完成工作，只能选择辞职。

所以说，新人赢得同事的认同，是非常重要的。这不但关系到团队合作的问题，更关系到能否有更好的职业发展。试问，团队中，没有人认同你，你和大部分同事关系疏远、紧张甚至恶化，如何升职？就算升职了，又如何管理团队，何谈影响力和号召力呢？

那么，新人怎样才能获得同事的认同并融入团队呢？

保持谦逊和友好

张扬、冷漠、傲慢、攻击性强，都可能损害你的形象，让人敬而远之，甚至是厌恶。所以，不管你多有才华和实力，都应保持谦逊，收敛锋芒。同时，要表现出对同事、前辈的尊重，积极主动与同事交流，展示友好的态度。

遇到问题，不要不好意思，不要清高，应及时向同事请教和寻求帮助。这不但可以拉近彼此的距离，还可以给人留下好学的印象。

热心帮助同事，促进情感交流

如果同事暂时离开办公室，而这时正好有电话打入，询问该同事的行踪，你并不知晓，那么遇到这种情况该怎么办？

是直接说“不知道”，还是主动向其他同事询问，再反馈给询问者呢？

其实，不管你是否知晓同事的行踪，都应展现出真诚与热情。主动向其他同事询问，反馈给询问者，然后简单询问对方有什么事，等同事回来再转告，或留下对方的姓名、联系方式，等同事回来让他回电。举手之劳，却可以让同事对你心存感激，拉近彼此的距离。同时，还可以给人留下乐于助人、热情体贴的好印象。

积极参与团队活动

新人要积极主动一些。比如，同事接到新任务，你可以询问：“需不需要有人协助？”“我想多学习和锻炼，可不可以让我加入？”

同事谈论某个话题，询问你的看法，或者分享水果、零食，也递给你一份，应该积极参与，或者欣然接受，不要觉得难为情而拒绝。某位同事因取得某种成就或荣誉而请客庆祝时，你应该积极参与，分享他们的喜悦。

积极参与团队活动，不管是工作，还是私人活动，都有助于你融入集体，赢得认同。

作为新人，你还应该遵守公司的规章制度和团队的规范，积极乐观，对工作认真负责，不抱怨，不推卸责任，不逃避任务。只要你把握好说话做事的分寸，展现出积极、谦逊、负责的态度，就可以轻松赢得同事的认同和好感。

心烦时可以“撒野”，但不可以撒气

某公司经理睡过了头，急忙开车奔向公司，却因连闯两次红灯，驾照被扣了。赶到公司后，他发现昨天该发的货物没有发走，一拍桌子，把秘书痛骂了一通。

秘书满肚子不愉快地回到家中，看到孩子躺在沙发上看电视，大骂孩子贪玩、不写作业。

孩子心里很是窝火，气呼呼地回到自己的房间，恰好看到猫在房间门口趴着，直接把气撒在了猫身上，狠狠地踢了它一脚。

这就是“踢猫效应”，即愤怒引起的一系列不良反应。生活中，每个人都可能成为“踢猫效应”的长长链条上的一个环节，心情糟糕，或者遇到不愉快的事情，为了发泄，迁怒于其他人。虽然他人没有做错什么，或者只是做错一件小事，但由于你正处于愤怒或烦躁之中，便拿人家当作了撒气的对象。

情绪传染链

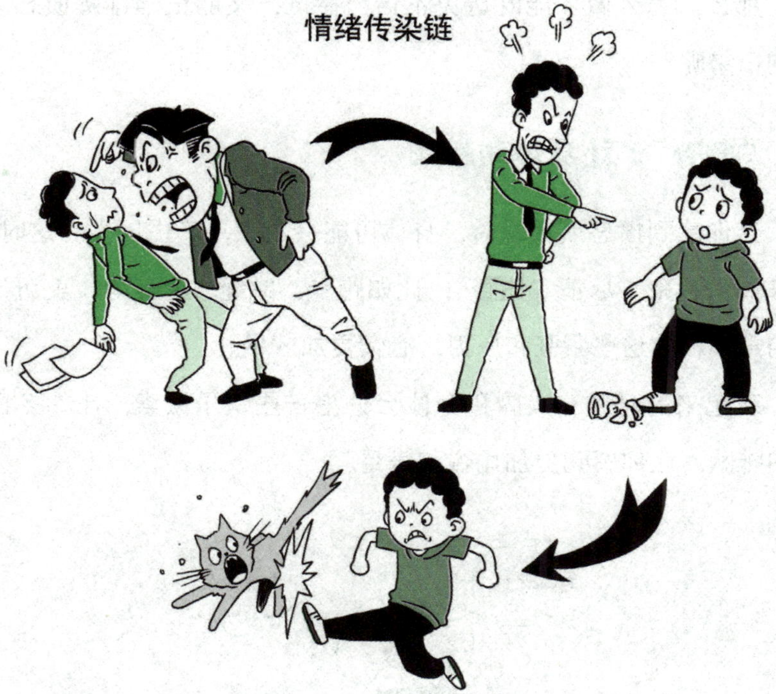

事实上，遇到负面或不愉快的事情，感到愤怒或烦躁是正常的。然而，随意发泄，拿他人撒气，不是什么好习惯。你把怒气转移给别人，别人再把怒气转移给第三个人，第三个人再转移给第四个人……这样就会形成一个恶性循环。

更严重的是，如果打砸物品发泄，或者拿自己的身体发泄，或者开车发泄，轻则造成财产损失，重则后果不堪设想。

所以，我们必须记住：不管多么愤怒或烦躁，都不要随意撒气。真正的高手都遇事冷静，动不动就生气的人很难成为智者。

那么，怎么做才能既避免不恰当撒气，又能正确排解愤怒或烦躁的情绪呢？

“撒野”：让身体动起来

当你感到愤怒或烦躁时，身体可能会紧张，产生压力。这时候，让身体动起来，尽情“撒野”，比如跑步、跳绳、打球等，就可以让你的身体释放这些紧张和压力，心情更加放松。

动起来的时候，大脑和身体会分泌一些快乐激素，比如多巴胺和内啡肽，让你感到更加愉悦和满足。

转移注意：不沉浸于负面或不快乐的事情

当你沉浸于负面或不快乐的事情时，就会不断接收到负面的信息。当你迁怒或拿别人撒气的时候，就会把精力放在不如意的事情上。所以，要尝试忽视或忘记负面、不快乐的事，想办法让自己有一个好心情，并把好心情延续下去。

可以躲避刺激，离开令你生气的现场；可以做自己喜欢的事，如听音乐、看电影，或进行身体按摩。

不做“踢猫者”

如果你成为“被踢者”，请保持积极心态，及时消化坏情绪。比如，告诉自己：“他只是心情不好，和我没关系，不必太在意！”或者：“冷静，不要受他的坏情绪影响！”过度急躁，不能冷静的毛病，一定要改！

拿捏住“豪猪式”的同事关系与应酬尺度

很多人把同事关系比喻成“豪猪式”的关系，可以靠近，彼此合作，但又不能靠得太近，否则很可能被对方刺痛，或者彼此刺痛。

小陈和小刘同一批进入公司，两人年纪相仿，志趣相投，渐渐地处成无话不说的朋友。

两年后，两人却闹翻了，小陈还被辞退了。

原因很简单，公司内部推优，其中一人有机会升为部门主管。小陈认为两人关系好，可以公平竞争，不管谁成功升职，自己都高兴，但小刘却不一样。虽然小刘平时与小陈关系好，但他更看重利益。为了赢得更高的胜算率，他偷偷写了举报信，说小陈曾接受客户的贵重礼物。

最终，小陈被调查，不但失去了升职资格，还被辞退了，小刘则成功升职了。

不管什么时候，同事之间的关系都是工作关系，产生工作关系的根源是利益。即便你与同事的关系，过去、现在都很好，但一涉及利益，就可能发生巨变。

那么，如何恰到好处地拿捏同事关系和应酬尺度呢？

重视应酬，但注意适度

对于关系较好的同事，平时互动和应酬是必要的。比如，对方邀请你参加生日宴、婚礼或聚会，你应该积极参加，并选择一份心意深厚的礼物，加深感情。但是互动和应酬要适度，不能过度。

过度应酬，有请必应，并参加过于私人的活动，不但会让自己应付不过来，还可能突破工作关系的界限，带来很多不便和麻烦。

保持适当距离

与同事相处，最好保持一定的距离，把握好边界感，不要轻易透露自己的隐私和秘密。当同事打听自己的隐私时，要果断拒绝，也不要打探对方的隐私和秘密，不八卦和传播同事的私人信息。

最好不要与同事有金钱往来，既不要把钱借给同事，也不要向同事借钱，尤其是不能背着公司，与同事合作“干私活”，甚至是合伙创业。否则，轻则两人闹翻，重则丢掉工作。

不越权，不插手他人的工作事务

很多人因为与同事关系好，对同事的工作指指点点，甚至是插手对方的工作事务。比如，同事用 A 方法，你认为 B 方法高效，就好心指出：“你这样做不对，你应该……”或者，看到同事来不及完成任务，就把事情全部揽过来，帮助他完成。

虽然你是好心，但很容易引起同事不快，因为你打破了职场界限，侵犯了对方的职责领域。若是事成了还好说，事不成，不但可能遭到埋怨，还可能被“甩锅”。

被人当面冒犯，令人刮目地回击一下

生活中，我们难免会遇到被人当面冒犯的时候。比如，一些人可能因为情绪、习惯不好，甚至刻意对你出言不逊，或者让你难堪。

很多人选择当面翻脸，发脾气，吼回去，或者直接用攻击性的语言来回击。一些人则选择隐忍，一个人生闷气，甚至独自哭泣。

很显然，这两种处理方式都不是很恰当，一是无法解决问题，二是伤了自己的颜面和身体。

那么，面对这类情况，如何既不卑不亢，又不失风度地回击呢？

冷静，不让情绪控制自己

情绪失控是错误的。虽然被冒犯让你感到愤怒，但即便这样，也要尽量保持冷静和理智，想办法控制自己的情绪。

因为无法保持冷静和理智，你可能会做出一些冲动的行为。恼羞成怒，发脾气，只会让人看笑话，丢了自己的脸面。动手打人，则会让自己陷入被动，还可能造成更大的麻烦。

优雅而有力地回击

回击是非常必要的，关键在于我们的回击要既有礼有节，维护自己的尊严，又要避免直接冲突。

反问，其实是不错的方式。比如，当有人无礼地质问你：“你不彻底了解产品就评测，难道是收了竞争对手的钱？”你可以巧妙地反问：“您对我没有彻底了解，是不是也收了竞争对手的钱呢？”

将问题抛回给对方，让对方陷入逻辑矛盾，这样是不是更有效果？

幽默也是不错的方式。比如你的门牙缝隙比较大，大笑或大声说话的时候，这个特点会暴露得非常明显。

很多次，同事会“好意”地提醒你：“不要大笑，你的牙缝太大了，很难看！”

这样的话，让你感到被冒犯和难堪。如果因此而发怒，或者直接回击，倒显得你有些“小气”。怎么办呢？

这个时候，幽默就可以派上用场。你可以微笑着回应：“看来你对我的牙缝有意见呀。不过，你有意见也没办法，因为这是妈妈给的。即便我对它有意见，也不能对它怎么样。平时，我都是小心翼翼地藏着它。”

幽默地将尴尬化为笑料，不但彰显了自己的风度和礼仪，还能让冒犯者无话可说。

当然，被冒犯时，还可以仔细分析对方语言的逻辑漏洞，轻描淡写地转移话题，为自己解围。

被人当面冒犯，的确让人感到恼火和不舒服。不过，为了维护良性的社交关系，不能情绪失控，也不用忍气吞声，而是可以用智慧与风度回击，方能得到圆满的结果。

向上营销，既要有成效，又要有底线

与领导相处，有一条铁律需要牢记：话少，必然祸少。

张明给领导当助理几年了，无论领导说什么，他都安静地听，从来不多问。一天，领导突然问张明："前几年，我换了十多个助理，但这几年，一直用你。你知道为什么吗？"张明笑着摇摇头，领导说："因为你不乱发表自己的观点。"

没过多久，领导高升了。张明给领导发了私信，内容是：领导，欣闻您即将履新的消息，内心既欣喜又不舍，欣喜的是众望所归，不舍的是时光易逝。非常有幸成为您的部下，这些年您指导我做人做事，让我一路成长。感谢您这些年对我的照顾，知遇之恩，不易言表，铭记于心。在此，期望有朝一日能再到您麾下与您共事，也真诚地祝愿您在新的岗位上工作顺利，万事如意。

几分钟后，张明收到回信，领导说："感谢祝福。终有再共事的那天。"

不久，张明就升职了。又过了一年，张明被调到那位领导身边，升了一级，成为领导的左膀右臂。

张明连连高升，是因为他善于向上营销。在这个过程中，他充分展示出自己的才干和能力，同时也把握住了说话、做事的尺度——不多说，不多做。更重要的是，他努力保持与领导的关系，该争取的争取，但不逢迎、不谄媚。

事实上，想要追求事业成功，向上营销，获得上司的青睐，是不可避免的。但是如果超过了度，很可能适得其反。那么，如何向上营销才能既有成效，又有底线？

不过度依赖，而是替上司减轻负担

虽然下属应该向上司请教，按照上司的指示行事，但是若过分依赖上司，不论大小事务都请示上司，让他拿主意，也是不恰当的。长时间下来，上司可能会对你的能力产生怀疑。

好的下属，要有独立工作的能力，能独当一面，替上司排忧解难。如此才能让上司省心，上司才敢对你委以重任。

不过分亲近上司和过分献殷勤

有的人为了拉近和上司的距离，会过分地献殷勤，比如领导一来，就小跑着去其办公室，请教一些无关紧要的问题；在会议上，或聚会时，热情地倒茶、斟酒，陪着聊天；知道领导爱打球，牺牲个人休息时间，陪着打球……

这是过分表现，很可能引起同事的不满和猜疑，还可能让上司感到不自在或反感。

切忌踩着别人上位

不管你多想升职，都应该坚守职业道德，不得违法乱纪或损害公司利益，也不得恶意攻击别人，踩着别人上位。若是这样做了，就算暂时达到了目的，也有事情败露的一天，进而影响自己的职业生涯。

与上司相处，雷区三处，不可踏入一步

晓军的老板是他的发小，后来做生意发了家，把晓军请过来帮忙。两个人关系非常好，不但如寻常朋友般勾肩搭背，还时常开玩笑。虽然这超出了员工与老板、下属与上司的相处界限，但老板并未太介意。但有一天，晓军却踩了“红线”——中午，晓军与同事闲聊，聊高兴了，就说起老板小时候的糗事，说那时老板跟在他后面当小弟，他还带着老板偷过别人家果园里的苹果。结果，两人被大狗追，老板跑得急，一个不小心掉入泥塘，出来时变成了泥人。

说完，晓军哈哈大笑，同事也跟着笑起来。一转头，却发现老板一脸铁青地站在不远处。过了不久，晓军就被老板找理由开除了。

在职场中，与上司相处有很多雷池是不可逾越的。如果你把握不好尺度，犯了禁忌，不仅很难有升职之日，甚至可能如晓军那样被扫地出门。

那么，与上司相处，究竟应该注意哪些雷区呢？

不尊重上司，挑战上司的权威

上司或老板管理和领导员工，需要维护他的权威。就算再平易近人的上司，其权威也不容侵犯。所以，不管你与上司的关系有多好，也不能冲撞对方，不能当众指出他的错误，让他下不来台。

同时，就算上司性格豪爽，平时常会参与下属之间的一些轻松的调侃，但下属仍需谨慎，不能和上司随意开玩笑，更不能开上司的玩笑。

越权行事，插手超过职责范围的事情

越权行事，相当于挑战上司的权威，不把上司放在眼里，是任何上司都不能容忍的。

比如，你是项目经理，遇到一些需要决策的事项，如调整预算、分配资源等，不及时向总经理汇报，擅自决策，会被视为对总经理的权威的挑战，很容易引起其不满。轻则受到严厉批评，重则失去上司的信任，之后就别想升职加薪了。

同时，千万不能插手超越自己职责范围的事情。比如，你负责管理，就不要插手技术的问题；上司让你把 A 事件处理好，你不要干涉 B 事件做得好不好。否则，做好了，无人夸奖；做砸了，就要承担责任。

涉入上司的私人生活

家庭对于每个人来说都是私密的领域，可能涉及诸多复杂、敏感甚至不光彩的事情。没有人愿意被外人知道自己的家庭隐私，更何况是与自己有工作关系的下属。因此，下属一定要避免打探与上司家庭相关的话题，尤其是不光彩或敏感的事情。

即便上司出于某种原因，让你帮忙处理，你也要巧妙地拒绝。虽然这是上司信任你的表现，可能会让你得到一些机会，但也是一件非常危险的事情，不但可能让你卷入麻烦或冲突之中，还可能毁掉你的职场生涯。

第六章

商务精要

有礼节才能赢得信任，细节决定成败

商务迎接：务必要把功夫做精做细

迎来送往，是社会交际尤其是商务活动中不可或缺的一部分。客户来访考察，你得接待；合作伙伴前来洽谈工作，你得接待。

或许你会说：“这是小事，很容易就能搞定！”

这的确是“小事”，但正因为这样，才容易出纰漏。一旦出了纰漏，不但会损害你的个人形象，更可能让公司形象打折扣，进而影响后续的合作和交往。

那么，如何把工作做精做细，让客户如沐春风、满心欢喜呢？

精确掌握时间，准时迎接

迎接客户或合作伙伴，你必须掌握客人乘坐的飞机、火车、船舶到达的时间，准时在迎接地点等候。最好提前 30 分钟或 1 小时到达地点，以防客人到达时间发生变化，可以做好应急处理。

小吴被上司安排到机场迎接客户，客户表示下午 3 点落地，于是他计算好时间，打算卡着点到达接机地点。结果，那天客户的飞机竟然提前 15 分钟到达了。

小吴的商务迎接第一步就出了差错，客户对他和公司的印象大打折扣，合作也泡汤了，小吴被炒了鱿鱼。

不管迎接什么客人，千万不能卡着点到达，更不能迟到。

安排周到，提供热情细致的服务

接待客人前，应该对客人的基本情况有所了解，包括客人的单位、姓名、性别、民族、职业、级别、人数等，深入了解客人的个人喜好及此行的目的、意愿等。如果不认识客人，最好准备一块小牌子，写明：某先生 / 女士，欢迎您的到来！ ×× 公司。这样，便于客人轻松找到你，避免浪费时间和精力。

当然，迎接客人，必须准备合适的车辆，根据客人的身份、人数安排车辆规格。如果客人是合作公司的总经理，必须准备豪华一些的商务车；如果客人是中层管理者，可以稍微降低档次，安排好一些的轿车；如果客人人数较多或是代表团，最好用客车接送。

注重引导客人的礼仪和细节

接到客人之后，你作为主人，通常要给客人带路或带领客人到停车处、座位处或其他指定地点。

引导客人的时候，一般应在客人的左前侧，与客人保持两三步的距离，步速、步幅和客人保持一致，不能过快或过慢。同时，要注意地面情况，避免踩到障碍物导致客人摔倒。行走过程中，可以适当地与客人交谈，介绍沿途的景点、设施等。

引导客人上车时，先打开车门，用左手固定车门，右手轻轻护住车门的上沿，以防客人磕到头部，并面带微笑，礼貌地说：“请您上车。”

引导客人上楼时，应走在扶手的一边，走在客人的前面；下楼时，可走在客人的后面。到达目的地门口时，应开门礼让，请客人先进。

商务谈判：兵礼兼到，才能卓有成效

商务活动中，不可避免地会就某个问题与人谈判。想要在谈判中说服对方并获得优势，不但要准确地表达自己的观点与见解，还需要做到有礼有节、进退有据。该礼遇的时候，给予对方足够的礼遇，充分展现自己的诚意和善意；该强硬的时候，用强硬的姿态进攻和防守，方能轻松占据优势，取得谈判胜利。

具体应该如何做呢？

坚持原则，不做无原则的让步

谈判时要有原则，并及时亮出原则，如："经过综合分析，我们给出的价位已经是最低的了，比最初的报价下降了30%，这足以显示出我们的诚意。如果贵方一再纠缠价格，我们就没有谈判的必要了。"

这样一来，谈判对手就不会频频试探、步步紧逼。这既保住了自身利益，又避免了浪费时间。

保持强大气场，但不咄咄逼人

谈判时，为了占据优势，我们需要保持强大的气场，充分展示自己的强势。但与此同时，要给予对方充分尊重，尤其是在对方已经让步的情况下，不宜咄咄逼人。

比如，对方处于劣势，无法抵挡你的攻势，如果你还在强势输出，把对方“撑”得哑口无言、狼狈不堪，很可能起到反作用，使谈判破裂。

如果你适可而止，等到气氛缓和之后，再有礼有节地提出自己的想法，或转而谈论其他话题，对方反而可能感激你的宽容，愿意做更多的让步。

巧妙运用黑白脸策略

谈判中，如果你既不想失礼，把场面弄得很难堪，又不想轻易退让，让己方利益受损，就可以与伙伴联手，巧妙地运用黑白脸策略。

顾名思义，“黑脸”比较强势，负责给对方施加压力，以争取利益最大化；“白脸”则比较温和，负责调节气氛，以避免谈判气氛过于尴尬和紧张。

比如，双方在价格上争执不下，你扮黑脸，强硬地表示：“如果贵方始终无法做出让步，我们就没有必要继续谈下去了。”说完，你可以做出想要离开的架势。

此时，伙伴可以扮演白脸，拦住你，然后对对方说：“不好意思，我们经理有些急躁，大家不要介意。其实，既然大家愿意坐下来谈判，就说明都有诚意。既然这样，不如各让一步……”

把这一策略运用得恰到好处，谈判自然就成功了。

商务宴请：面子和里子一样都不能丢

商务接待无小事，尤其是商务宴请，看似简单的商务餐，其实是一门大学问。如果对一些细节有所疏忽，很可能让之前的努力付诸东流。

比如在选择作陪人员时，需要考虑对方的身份和地位。如果对方身份、地位较高，如总经理、总裁级别，就应该是公司对应级别的人士作陪。作陪人员的形象也必须符合公司的形象和定位，最起码要形象好、气质佳。此外，作陪人员应具备良好的语言表达能力、沟通技巧和社交能力，能与客户保持良好的互动。

当然，除了作陪人员的选择外，我们还需要注意其他方面的细节。把握好细节，做到有礼有节、周到热情，才能把面子和里子全部保住，宾主尽欢。

那么，商务宴请时需要注意哪些方面的细节呢？

注重礼仪，尊重客人

商务宴会相较于其他场合，更加注重礼仪和细节。

要提前熟悉宴会流程和菜品，了解客人的喜好和忌口。要选择合适的着装，符合商务宴请的正式程度。要热情周到，留心客人的需求，及时添水倒酒，调整座位。不要过于热情，最好不要给客人夹菜，否则很可能引起对方的反感和不适。即使使用公筷，也可能让人感到不舒服。

安排座位时，要根据参加宴会的人员构成合理安排座位。注意，正对门口的位置为主宾位，次宾位在主宾位的右手边，主陪位在主宾位的左手边，以此类推。同时，需要将主方人员安排在主陪位附近，方便交流和谈判。

按需点餐，不可铺张浪费

商务宴请，规格应该按照客人级别来确定，不能档次太低，但也不能为了所谓的“面子”过于奢华、铺张浪费。只有五六个人，却点十几道菜，且都是昂贵的菜品，也是欠妥的。按需点餐，菜品数量和价格适中，最为合适。

积极与客人交谈，使气氛融洽

商务宴会中，吃饭和喝酒是谈判和公关的润滑剂，所以，不能只顾着洽谈而忘记吃饭和喝酒，更不能只顾着吃饭和喝酒而忽视交谈。

当气氛变得冷清或者尴尬时，拿起酒杯，借机与客户交流和沟通，不但可以活跃气氛，还可以增进彼此的了解和信任。

需要注意的是，交谈时不能只顾着和自己相熟的客人谈得高兴，而忽视其他人。否则，只会让现场尴尬不已。

交谈时，切勿言辞傲慢，不把其他人放在眼里，或者夸夸其谈，炫耀自己的成绩，或者与个别人交头接耳、小声低语。这些都是不礼貌的，很容易引起客人的反感。

除此之外，还应在交流时展示自己的专业性，耐心和专业地解答客人提出的问题，做到对答如流。

商务陪同：安排周到，进退有度

商务礼仪中，陪同是非常重要的。它不是简单地陪伴在客人身边，而是为对方提供周到、热情的服务。

从某种程度上说，礼仪之于陪同，正如水之于鱼。它既是对客人的礼遇，使其感受到主人的热情，又是对客人的关爱，使其能方便地出行、了解相关情况，进而开展工作。如果掌握不好陪同礼仪，很可能引起客人不满，进而影响商务活动的效果。

那么，如何做好陪同才能让客人高兴和满意呢？

避免冷场，但也要避免打扰客人

客人坐了五个多小时的飞机，而且之后的行程比较紧张，所以想趁乘车时闭目养神一会儿，但陪同人员小齐却不会察言观色，为了表现热情，一个劲儿地拉着客人聊本地的风景、风俗，直到客人说“不好意思，我想休息一会儿”，他才惊觉自己犯了错。好在客人没有放在心上，小齐才松了一口气。事实上，这已经是一种失礼行为。

所以，陪同过程中，要积极、友好地与客人沟通，避免冷场，让客人尴尬。但也要注意观察客人的状态，尤其是客人坐完长途飞机、火车后，如果乘车时一脸疲惫，或者交谈时兴致不高，就不应继续打扰。

提前与客人沟通行程，做到周到安排

陪同时，要带客人去哪里、大概多远、去见什么人，都应提前沟通，方便客人配合。同时，要根据对方的来访目的、时间计划、兴趣爱好，安排参观项目，包括参观公司设备、办公区域，以及本地景点等。

如果对方提出特殊要求，如“我听说 ×× 很特别，想去看看”，而你没有安排，可以在之后的行程中予以安排。

饮食尽可能安排本地的特色食物，尤其是老字号、名小吃。还可以安排摄影人员，为客人留下纪念，给客人一个惊喜。

尊重和保护客人的隐私

陪同过程中，一定要尊重和保护客人的隐私，不泄露客人的敏感信息，如身份证号、银行卡账号等，不与无关人员讨论客人的行程、喜好、性格等问题。

如果客人说“下午，我有一些私人事务要处理，你可以休息半天，不需要陪同了”，那么，你就给自己放个假，不要过多追问和打听。如果你询问“你去哪里，处理什么事，需不需要帮忙”，你以为是热情，对方则可能认为你想窥探其隐私，侵犯了他的私人空间。

除此之外，还需要注意以下几点：专心处理商务活动，避免分心，或做与商务活动无关的事情；保持适当的身体距离，避免过度亲密的接触；即便闲聊，也要选择合适的话题，避免涉及公司机密、竞争对手的是非、个人隐私等话题。

商务赠礼：要送就送到对方心坎上

中国人讲究礼尚往来，这里的“礼”是礼节，也是礼物。

送礼，是人际交往中不可或缺的。在商务活动中，也是如此。各种节假日、特殊纪念日、有事相求及商务拜访时，都免不了给人送礼。

但送礼不是简单的事情，不懂送礼技巧，送得太直接，很容易被对方拒绝。一旦送错，没有送到对方的心坎上，或犯了对方的禁忌，反而会好心办坏事：虽送了礼，但得罪了对方。

那么，怎样才能让对方愿意接受礼物并满心欢喜呢？

送礼的借口要找好

很多时候，对方收不收礼物，关键在于你的借口找得好不好。如果你掌握了高情商的说话技巧，就可以让对方信任并接受你的礼物。

比如，你给客户送土特产，说：“× 总，这是老家来人捎的，拿过来给您尝尝鲜。东西不多，又没花钱，您可要收下啊！”一般来说，对方会欣然收下你的礼物。

客户爱茶，你给客户送茶叶，可以这样说：“茶在我这儿只能是收藏，到您这儿才能算品鉴。”或者说：“我不懂品茶，这茶放我这儿就浪费啦，您帮着品鉴品鉴。”

送礼要送到对方心坎上

既然是给人送礼，就应该了解对方的喜好，把礼物送到对方的心坎上。如果送的是对方不感兴趣、不喜欢的东西，即便东西再贵，你把话说得再好听，也会遭到拒绝。

小梅就很会送礼。为与客户搞好关系，她多次带着礼物拜访，但都被拒之门外。后来，经多方了解，她得知客户喜欢字画，平时空闲时间会临摹名家作品。正好她的叔父是全国小有名气的书法家，于是请求叔父为客户写了几个字，并精心装裱起来。

当客户看到这幅字时，顿时喜上眉梢，痛快地收下。当然，接下来，小梅与客户也建立了良好的关系。

送礼要注意一些禁忌

送礼的时候，一定要尊重对方的文化和习俗，选择恰当、得体、有品位且寓意美好的礼品。

中国人送礼、收礼都讲究讨个好彩头，忌讳谐音不好的礼物。如“鞋”与“邪”同音、“钟”与“终”同音、“伞”与“散”同音。所以，要切忌送鞋子、钟表、雨伞等礼物。

同时，送礼物之前，要事先了解对方的民族习惯、宗教信仰、职业，避免礼物的品种、形状、色彩、图案、数目或其寓意冒犯对方。

另外，礼物不能太廉价，要有品位，符合对方的身份和地位，但千万不能送大额现金、有价证券，以及珠宝首饰等，否则有收买对方之嫌，还可能涉嫌贿赂。

第七章

拜访客户

能不能拿下订单，先看表现后看产品

访前约见：你要这么约，谁都不好拒绝

拜访客户之前，我们必须先约见客户。但是由于工作繁忙或心存戒备，成功约见不是一件容易的事情。大部分人通常会拒绝见面，给出的答复也无非以下几种：对不起，我很忙；我不需要你的产品；我不打算换供应商；预算已经没有了。

小张试图约见一位潜在客户李总，推销公司的新产品。在电话中，他是这样说的："李总，您好！我是 ×× 公司的销售人员小张，我们公司最近推出一款新产品，我想跟您详细介绍一下……"

他的话还没有说完，李总便拒绝道："不好意思。我最近比较忙，抽不出时间。"

小张："那您什么时候方便？"

李总："我这段时间都很忙，有时间再说吧。"说罢，李总挂断了电话。

小张的约见为什么会失败呢？很简单，话语过于平淡，客户对约见毫无兴趣。所以，约见客户看似简单，其中却有很多学问和技巧。

确定约见对象，避免在无关紧要的人身上浪费时间

约见的目的，是进行推销和达成合作。所以，约见前，必须弄清楚要约见谁，即谁有权做决策，谁说话算数。若是找错对象，即便约见成功，也是浪费时间。

王力好不容易约见了 ×× 公司的项目经理，但接洽了几次，都未能达成交易。这位项目经理不是说再考虑考虑，就是说想再了解一下产品。王力很纳闷，不知道问题出在了哪里。于是，他决定找知情人打探一下，原来自己找错了对象——这位项目经理没有购买机器的决定权，决定权在该公司的总工程师手中。

每次与王力接洽后，他都会向总工程师汇报、询问意见，然后才反馈。正因为这样，王力浪费了很多时间。

所以说，约见的时候，一定要弄清楚谁是真正能拍板的人。只有见到关键人物，直接与其洽谈，这样才能收到好的成效。

选择恰当的约见时间

想要约见成功，必须站在对方的角度考虑问题，选择合适的约见时间。一般来说，以下可能是我们约见客户的最佳时间：客户刚开张营业，正需要产品或服务之时；对方遇有喜庆之事，如晋升提拔、获得奖励等；客户暂时遇到困难，急需帮助之时；客户对原来的产品有意见，对你的竞争对手感到不满时。当然，想要了解约见客户的最佳时间，需要你多收集信息，尽量做到知己知彼。

同时，还要根据客户的个人习惯、工作规律约见客户，避免给客户添麻烦，让自己吃闭门羹。

注意，最好不要在周末约见客户，因为这样会打扰客户休息，给其留下不好的印象；不要贸然上门拜访，很多人尤其是做事有规划、工作忙碌的人讨厌被打扰。

约见地点要有讲究

约见客户，必须选择一个合适的地点。可以选择对方的办公室，特别是在工作时间，选择办公室最恰当。也可以选择安静、气氛轻松的社交场所，如咖啡厅、茶室、高尔夫球场。

如果客户喜欢打网球、钓鱼，可以去网球场、河边：一是方便谈话；二是可以谈及相关话题，拉近彼此的距离。

千万不要选择客户家里、喧闹的酒吧，或者公园等。

总之，约见是拜访客户的第一步，也是推销或达成合作的第一步。做好了这一步，接下来的工作才能事半功倍。

上门拜访：怎样穿戴能让客户眼前一亮

在职场上，有时形象与能力同等重要，不然你的能力很容易被低估。

吴强是个追求时尚和潮流的年轻人，平时上班喜欢穿T恤、牛仔裤。虽然公司不要求穿正装，但是上司和同事时常提醒他，不要穿得太休闲，起码要穿衬衫、休闲裤上班。

然而，吴强并不在意。一次，他和客户约好到对方公司拜访，他竟然穿了宽松的T恤和牛仔裤。本来在电话中客户很热情，有明显的合作意向，但见到吴强之后，态度骤然改变，没说几句话，就借口忙下了逐客令。

回到公司，吴强询问上司原因，才真正意识到衣着的重要性。之后，他开始做出改变，尽量打扮得适宜得体，给客户留下好感。

尽管现在人们讲究穿衣自由，但仍要注意场合。在职场上，尤其是拜访客户的时候，衣着得体，打扮有品位，才能得到客户的重视，使其产生好感。

相反，不修边幅，或者穿着奇装异服拜访客户，即便客户嘴上不说什么，表面上依旧客气地与你交谈，但心里已经把你淘汰了。

很简单，穿着虽然是个人的事情，但却体现了你尊重客户，懂得社交礼仪。你不尊重客户，不懂社交礼仪，对方又怎会对你有好感呢？

那么，拜访客户的时候，怎样装扮才称得上得体并让客户眼前一亮呢？

选择适合自己的服饰，穿出品位

拜访客户的时候，一定要选择适合自己的衣服，如剪裁合身、颜色得体的西装，会使你显得神采奕奕、气质出众。

选择西装时，要侧重面料、裁剪、加工工艺等。款式上，应选择样式简洁的；色彩上，以单色为宜，如深蓝色、灰色，可显得高雅、理性、稳重。

不过，如果你的个性和气质不适合穿西装，也可以选择商务休闲装。这既能展现你的专业素养，又不会显得过于拘谨。

注重搭配，关注细节

选择服饰时，一定要注重配饰、鞋子的搭配。男士要选择适合自己的领带，领带的颜色要与西装、衬衫协调，做到干净、平整、不起皱。领带的长度要合适，领带尖恰好触及皮带扣，宽度应与西装翻领和谐。

选择袜子时，应以黑、褐、灰、蓝单色或简单的提花为主。袜子宁长勿短，以坐下后不露出脚腕为宜，袜口不可以暴露在外。

皮鞋最好选择款式简单和质地好的，颜色以黑色或深棕色为主。同时，注意保持皮鞋光亮，这会给人以专业、整齐的感觉。

另外，可精心挑选一些配饰来展现你的个性和品位。男士可以选择手表、领带夹、袖扣等，女士可以选择耳钉、项链、手表、丝巾等。注意，配饰应简洁大方，避免过于花哨。

精致的妆容和整洁的发型

不论男士还是女士，都必须保持精致的妆容和整洁的发型。

对于女士来说，要选择自然清透的淡妆，可以化眼妆、涂口红，让自己有一个好的气质和气色。同时，保持妆容的整洁和持久，避免脱妆或晕染。发型要适合自己的脸型、气质，适合与客户会谈。

对于男士来说，应保持面部整洁，无胡须渣、鼻毛等不雅之物。头发长度适中，不宜过长，也不宜过短，要保持整洁，有自然光泽，无异味，无头屑。

总之，拜访客户时，一定不能随心所欲地穿衣打扮。保持衣着得体，展现良好的形象和气质，方能给客户留下良好的第一印象。

自我介绍要有标准，更要有特色

拜访客户需要给对方留下良好的第一印象。做好上文“访前约见”和“上门拜访”这两步，你还需要关注这一步——自我介绍。自我介绍是最简单的开场白，也是最难的开场白。

简单在于，你见到客户之后，只要报上姓名、公司名称、来做什么就可以了。但这样的方式听起来干巴巴的，没有什么吸引力，很难让客户对你产生兴趣，愿意继续交谈下去，也很难消除陌生感，让气氛变得轻松起来。这也是它难之所在。

那么，怎样自我介绍才能独具特色，让客户对你印象深刻呢？

幽默是吸引注意力的不错的方法

生活中受欢迎的人，不一定是长得非常好看的人，但肯定是有幽默感的人。如果在做自我介绍的时候，你能不时说两句俏皮话，一定能让人印象深刻。

比如你可以这样介绍自己："方总，我是某某公司的小李。您终于有时间和我谈谈了，我等得花儿都谢了。"一句风趣的调侃，或许对方就会被你的幽默感染，进而愿意和你好好谈谈。

巧解自己的姓名，给对方留下深刻印象

自我介绍的时候，你可以对自己的"姓"和"名"加以解释。你解释得越巧妙，别人对你的印象就越深刻。

一个名叫潘望的业务员是这样自我介绍的："我叫潘望，早在孩提时代，父母就不断叮嘱我：'望儿，你可是咱们家的希望啊！'今天，拜访您之前，上司和领导也这样叮嘱我：‘潘望，你可是咱们公司的希望啊！’为了不辱使命，肩负全体同人的重托，我来到这里，但愿我能不辱所望。”

潘望在介绍中，利用巧解姓名道出了自己和公司的诚意，怎能不给客户留下深刻的印象呢？

巧妙地展现优点

自我介绍时，你还可以巧妙地展现自己的优点。

比如，你的优点是记忆力好，可以这样告诉客户：“我的记忆力非凡，只要是我见过一面的客户，就可以记住他的名字、职业、喜好。我们公司的任何一款产品，我都可以详细地讲述它的性能、特点、优劣势。”

如果你经验丰富，对这个行业和公司的产品了如指掌，可以这样对客户说：“我从事这个行业已经十多年了，非常了解这个行业和公司的产品。可以说，我对它们比对我自己还要了解。”这不但展现了个人特点，还突出了专业性，更容易让客户产生信任感。

你还可以用自嘲、借助第三方的方式进行自我介绍。不管怎样，只要你的介绍是得体的，具有个人特色，就可以出彩，让客户想要与你继续交谈。

洽谈中，客户最不喜欢的致命忌讳

与客户洽谈时，客户说：“你们的产品不错，服务也很好，但代言人形象不好，说话也不好听。”

这个时候，你会怎么回应？是打哈哈，还是与客户争辩？

如果你选择和客户争辩，结果恐怕只有一个：惹得客户不快，洽谈失败，丢掉订单。

与客户洽谈时，即便客户错了，也不要争辩。因为你看似辩赢了，但也输了，丧失了客户的好感。

那么，除了与客户争辩之外，还有哪些问题是洽谈中的忌讳呢？

切忌自说自话，更不要打断客户说话

与客户交谈时，要尊重客户，认真倾听客户的想法和意见。要鼓励客户多说话，通过聆听，了解客户的需求、疑惑等。千万不要只顾着自说自话，否则即便你说得再多、再精彩，说不到点子上，也很难赢得认同，更别说达成目的了。

而且，不管客户怎么说，你都不要与他争吵，更不要打断他说话。即便客户说错了、说的话没太大价值，也不要急着打断，要认真、耐心地听他说完。

切忌炫耀自己

小李与客户交谈，本来快成交了，却因爱炫耀而丢掉了订单。交谈中，他不止一次夸耀自己的能力和业绩：

“选我，您算是选对人了！论专业、论业绩，公司里没有人能比得过我……”

“您知道吗？在一次车展上，我仅凭这款车的内饰设计就吸引了一大批客户前来咨询。”

没有人愿意听别人炫耀自己，客户也是如此。客户与你交谈，目的是想诉说他自己的需求，了解产品的特点和优势，而不是听你炫耀。

切忌“查户口”式交谈

“你多大了？”

“你谈对象了吗？”

“你在哪里工作呀？”

…………

与人交谈时，相信很多人遇到过“查户口”式的聊天。当时，你的反应是什么？一是警惕，二是厌烦。

与客户交谈，也是如此。如果你用“查户口”的方式与客户交谈，客户往往会转身就走。这样的交谈方式非常不友好，让人有一种被强制审讯的错觉。此外，这样的交谈方式很不走心，很容易让对方感觉你是不真诚且急功近利的。

虽然与客户交谈时我们是主动方，客户是被动方，需要用一问一答的方式获得更多信息，但提问要注意方式方法，避免连续发问及封闭式提问，不能涉及客户的隐私。

起身告辞，也要有吸引力

拜访客户，开场很重要，告辞也很重要。

告辞，不是简单地说“再见”，而是要表现出对主人的尊重，以及个人的修养和礼仪。所以，应主动伸手与客户握手告别，并说：“打扰您了。虽然意犹未尽，但为了避免打扰您工作，我先告辞了。改天再来拜访。”“虽然时间短暂，但感觉我们交谈得很愉快。”

如果客户起身相送，你要客气地说：“请留步！”待主人示意后，走出几步，再回首挥手致意，说“再见”，以示礼貌。

当然，除了做到优雅有礼外，还要借助高情商的语言，在告辞时增加你的吸引力，这样才能让客户欣赏你的礼貌和风度，同时更容易引起他对再次见面的期待，为进一步交谈赢得更多机会。

那么，如何在告辞时增加你的吸引力，给客户留下难忘的印象呢？

用设问作为结束语，留下悬念

设问是一种特殊句式，具有吸引注意力和留下悬念的作用。

起身告辞的时候，可以利用设问作为结束语，如：“我们下次见面时，要不要聊聊这个项目的新进展呢？……嗯，一起期待惊喜吧！”这不但能显示出你的专业素养，还可以给对方留下期待。这种带有悬念的结尾方式能够有效增加你的吸引力，让人记住你。

借助幽默的语言婉转告辞

如果你已经与客户相熟，谈话氛围很轻松，可以用幽默的方式来告辞。例如接下来你有其他客户需要拜访，或者还需要处理老板交代的其他事情，可以这样说："今天聊得很尽兴，真希望我的老板允许我'放假'，能再跟您聊一会儿。"

这样幽默的告辞方式既能表达自己要离开，又不会让人感到突兀，进而让对方感到你的真诚，尊重你的时间安排。

真诚夸赞和未来邀约结合

如果客户在交谈中为你提供了很多信息并给出很多宝贵的意见，你可以在告辞时真诚夸赞：“今天真的受益匪浅，非常感谢您为我提供了这么多的宝贵意见。下次再见，您就等着迎接惊喜吧！”

将真诚夸赞和未来邀约结合在一起，表达谢意且不失热情，既能让你的告辞更有吸引力，又可增进双方的关系。

可以说，高情商的告辞不仅仅是一次离开，更是一种“留影”的技巧。所以，修炼说话的情商吧！这样，不但让你的告辞更有温度，还会让人期待下一次相见。